粗利「だけ」見ろ

儲かる会社が決して曲げないシンプルなルール

NAKANISHI KOICHI
中西宏一

幻冬舎
MC

はじめに

2020年の東京五輪開催に向かい、建設業界や不動産業界をはじめとした好景気が報じられています。小売や飲食、運送業界なども商売繁盛で、あらゆる業界で人手不足が深刻化していると言われています。

ところで経営者の皆さん、会社は儲かっていますか？

数字で見ると、企業の倒産件数はリーマン・ショック後から減少傾向にあります。しかし、私が経営するコンサルティング会社には相変わらず「儲からない」「お金が残らない」と相談に来る社長があとを絶ちません。

付き合いのある銀行などからも、経営の立て直しを頼まれることが引き続き多く、その件数はリーマン・ショック直後とあまり変わっていないのが実情です。

そのような会社で決算書を見せてもらうと、好景気であるはずの建設業の会社でも赤字経営が続いていたり、負債額が増えていたりします。卸、小売、飲食関連の会社も似たようなもので、倒産の秒読み段階に入っている会社もあります。

経営不振の状態から抜け出すには、とにかく利益を出さなければなりません。経営を維持していくには利益が不可欠ですし、多少でも利益が出ていれば、赤字で苦しむことにはならず、負債が増えることもないはずです。

ところが、世の経営者のほとんどはそこで行き詰まります。利益が重要であると分かっている一方、どうすれば利益を増やせるか分からないため、経営不振の状況がさらに深刻化してしまうのです。

その中でも最悪のパターンと言えるのが「利益を増やすためにはまず売上を増やさなければならない」と考えてしまうケースです。私が経営改善を手伝わせていただいている会社も、ほとんどがこのパターンです。

「売上は増えているのですが利益が……」と首を傾げる社長もおり、もっとストレートに「売上を増やす施策をお願いします」という人もいます。

大間違いです。

少しでも売上を意識したら最後、絶対に利益は増えません。

むしろ、無理に売上を増やそうとすることによって会社が抱えられる労力などの容量を超えてしまい、現場が疲弊します。いくら働いてもお金が残らず、従業員たちはますますやる気をなくすという悪循環に陥るケースが大半です。「仕事を取ってこい」「コストを絞れ」といくらせっついても何の効果も生まれないのです。

では、どうすれば利益が出せるようになるのでしょうか。

私は2008年にコンサルタントとして独立し、以来、建設業を中心に経営改善の支援をさせていただいています。

その結果、どの会社も利益が出せるようになり、赤字経営から抜け出しました。そのうちの90%は2年以内に大幅な業績アップを実現しています。

何を変えたかというと、「粗利だけ見る」という経営方針に変えただけです。

私の答えは一つです。

売上に目を向けるのをいっさいやめ、粗利だけに集中するのです。

そうすることで、社員の目標が非常にシンプルになり、利益を増やすためにどんな仕事の進め方をすればいいかを自然に考えるようになるのです。

仮に売上が減ったとしても、粗利そのものが上がれば経営状態は良くなります。

人件費や生産コストが増えたとしても、粗利が増えれば、やはり経営状態は改善します。

そういった施策を実行していくことが本書のテーマである「粗利だけ見る」経営であり、経営改善に向けたもっとも効果的な方法なのです。


前著『建設業のための経営改善バイブル』でも「粗利が重要」と繰り返し述べています。

その主張を読み取り、粗利だけを見る経営に切り替えることで、大幅に経営状態が改善した会社もあります。

一方、「粗利が重要なのか」と理解する程度で終わってしまい、成果が出せなかった会社もあります。

粗利が「重要」という書き方をしたのが前著の反省点です。

重要という言葉では中途半端でした。

正確には「粗利を稼ぐことにのみ集中する」ことが経営改善の肝です。

その点を強く主張するため、本書のタイトルには「粗利だけ見ろ」というストレートなメッセージを掲げました。

また、前著の読者からの感想として、「粗利で経営するための方法が分からない」「参考にはなったが実行が難しい」といった意見も多くいただきました。

その点を踏まえて、本書では、「売上を見てはいけない理由」から始まり「粗利だけ見る経営の具体的な方法」「粗利を追求する社内会議のやり方」などなど、経営改善に向けて必要なことを可能な限り細かく説明しています。

「利益が大事。そんなことは分かっている」

「うちだって利益重視でやっている」

多くの社長はそう言います。

しかし、それは真の意味での利益重視ではありません。

「粗利を徹底して管理」する。「粗利を稼ぐ施策のみ常に考える」。

それこそが利益重視の経営です。

前述のとおり、経営を改善する私の答えは「粗利だけ見る」という一点に尽きるので、その意味で、本書は私が持つノウハウのすべてを凝縮した一冊ともいえます。

粗利を見ることが経営改善の真髄であることをご理解いただき、各社の経営の発展に少しでも役立ててほしいと願っています。

粗利「だけ」見ろ　目次

［第3章］　粗利「だけ」見る姿勢を定例会議で社員に叩き込め！

［第1章］

会社が陥る「売上中毒」いくら仕事があってもまったく利益が残らない

会社が儲からないのは、儲からない仕事をやるから

毎年毎年、1万社前後の会社が倒産しています。

単純計算すると1日に20数件の倒産です。

倒産件数としてカウントされず、経営不振によって休業・廃業していく会社を入れれば、その数はさらに何倍にもなります。

また、存続している会社も経営状態がさまざまで、何十年にもわたって安定的に経営が続いている会社があれば、その一方には赤字がかさんで風前の灯の状態になっている会社もあります。

直近のデータを見ると、日本の会社の6割から7割は赤字経営となっています。

その中には、営利目的ではないNPO法人も含まれますし、節税や税金逃れを目的にあえて赤字にしている会社もあるのでしょうが、倒産予備軍の会社も決して少なくないと思います。

なぜ経営不振に陥るのでしょうか。

答えは簡単で、利益が出ないからです。

このことは、社長であれば誰でも認識しているでしょうし、社長ではない人でも感覚的に理解できるはずです。

では、なぜ利益が出ないのでしょうか。

ここは意見が割れるところです。

「景気が悪い」「業界環境が悪い」といったマクロ要因や外的要因を挙げる人もいますし、「人が足りない」「ヒット商品が出ない」といった社内の要因を挙げる人もいます。

ただ、そういった要因は経営不信の表面的な問題であり、本質ではないというのが私の考えです。

利益が出ない根本的な原因は、利益率が低い仕事や、最終的に利益がマイナスになる仕事でさえも引き受けているからなのです。

売上アップと経営改善は別のもの

たくさん仕事を引き受けることや、たくさん売ることは、一見、利益を増やすことに結びつくように見えます。

しかし、イコールではありません。

コンサルタントとして経営改善の現場に赴き、いろいろな会社、いろいろな社長と話をする際も、そのことを分かっていない社長はかなり多いように感じます。

「売上さえ増やせば自然と経営は上向く」

そんな風に考えている人がたくさんいるのです。

こういった考えは、一般的に「売上至上主義」と呼ばれています。

「とにかく売上を増やせ」と口癖のようにハッパをかける社長がその典型といえるでしょう。

私が知る限り、そのやり方で経営状態が良くなった会社はありません。

むしろ、日常的に「とにかく売上を増やせ」と言われることによって、営業社員も生産現場の社員も疲弊し、結果、安売りによる薄利が続き、経営状態がさらに悪くなります。

今のところ経営が安定している会社でも、この思考に陥っている社長が多いかもしれません。

例えば、前期の売上が10億円だったとしたら、利益のことはあまり考えず、多くの社長が「今期は12億を目指そう」と考えます。

また、私は仕事上、経営改善の過程で金融機関の人や税理士さんたちと会うことが多くあり、彼らの中にも、「まずは売上を増やすことが必要だ」と考える人たちが大勢いるのです。

私が経営支援を手伝った会社は利益が増えています。ただ、売上が減る会社もたくさんあります。

会社に必要なのは利益ですから、売上の増減は実は重要ではありません。

しかし、銀行の担当者からは「なぜ売上が減っているのですか」「売上が減った理由をちゃんと説明してください」と聞かれます。

利益が上がり、会社が立ち直ったにもかかわらず、まるで経営が悪化したかのような扱いで売上が下がったことを問題視するのです。

そういう状況を踏まえると、もはやこの売上至上主義というものは日本のビジネス界にまん延する病といってもいいかもしれません。

売上を追うほど社員は苦しくなる

冷静に考えれば、売上至上主義が歪んだ経営方針であることが分かるはずです。なぜなら、企業が生き延びていくために必要なのは利益であって、売上ではないからです。

仮に売上1億円の仕事を引き受けたとしても、原価が1億円掛かるのであれば利益はゼロです。

なかには、売上以上にコストが掛かる仕事を引き受けて、利益がマイナスになっているケースもあります。

そういう仕事が増えるほど、経営が苦しくなるのは当然です。

社員としては、仕事そのものは増えていますが、会社としては利益が出ていないので、どれだけ頑張っても給料は増えず、自然とやる気も低下します。

社長としても、利益が出なければ社員の給料だけでなく、自分が受け取る役員報酬を増やすこともできません。それどころか、運転資金のために借金を続けなければならず、そのせいで精神的な負担もかなり大きくなります。

創業社長もその職を引き継いだ人も、利益がなければ経営が苦しくなることは認識しているはずです。

ならば、経営は利益があってこそ成り立ち、利益を得ることが経営の主たる目的であることも分かるはずです。

しかし、なぜか利益ではなく売上の数字を目標にします。利益ではなく売上に目を向けた経営をします。

そもそも経営に対する根本的な視点がズレてしまっているため、自分で自分の首を絞めることになるのです。

売上を増やして会社を大きく見せたい

なぜそこまで売上に目が向いてしまうのでしょうか。

理由はいくつか考えられます。

まずは単純な理由として、売上が多いほど会社の規模が大きく見られるという実態があるからだと思います。

上場企業の場合は売上のほかに利益なども公表されるわけですが、世の中の会社の99%以上は資本金3億円以下の中小企業で、売上規模しか公表されません。

つまり、売上を増やすことが会社を大きく見せる唯一の手段になっているため、社長や経営陣が「売上を増やそう」という意識を持ちやすいのです。

業界によっては、規模が大きい方が仕事を取りやすくなるといった現実があります。

しかし、そのために売上を追いかけるのであれば、その弊害も考えなければならないでしょう。

仮に売上が1億円増えたとしても、その1億円が利益を生まないのであれば、社員は無駄に忙しくなります。

忙しくなればミスが出やすくなり、仕事の質も落ちやすくなります。

その状態で新たな仕事が取れたとしても、仕事の質が悪ければかえって評価を落とします。

それならば、利益が得られる仕事に絞り、質の高い仕事をする方が、結果として会社の評価を高める近道になると思うのです。

規模を追う経営は社長の自己満足

社長の中には、競合他社の売上高を過剰に意識する人もいます。また、売上高の桁数や節目にこだわる人もいます。

例えば、自社と競合の売上が5億円で競っているときに「売上を8億円まで増やして一歩抜け出そう」と考えるようなケースです。

桁数や節目というのは、現状8億円の売上を10億にしよう、26億円を30億にしようと取り組むことで、このパターンもよく見られます。

社長としては、売上規模で競合を上回ったり、売上の桁数が変わることにより、自社を取り巻く環境や、業界内での立ち位置が変わるはずと考えるのかもしれません。

「競合より売上が多ければ競争が楽になる」

「規模が大きいほど受注量が増える」

そんな風に考えるのでしょう。そう思うから、余計に売上至上主義に陥るのです。

しかし、実際にはそんなことはありません。

仮に売上8億円の会社が10億円になったとしても、社長さんたちが思っているほど環境は変わらないのです。

単純に桁数だけで見れば一つステージが上がるかもしれません。しかし、上のステージにも競争はあります。そもそも、売上が増えても利益が付いてこなければ、経営が行き詰まって売上高も逆戻りします。

感情的な話として、売上10億円の会社となり、5億円規模の競合会社などから「すごい」と思われるのがうれしいのかもしれません。

しかし、そんな小さな世界の評価にこだわっても意味がないと思うのです。

しかも、会社の経営状態は売上ではなく利益によって決まりますので、売上規模で競合に勝ったとしても、利益額で負けている場合もあります。

厳しい言い方をすれば、売上を増やし、競合に対して優越感を持とうとする姿勢は経営陣の自己満足の追求でしかありません。

断言しますが、本当に経営を良くしたいのであれば、そういう無意味な争いはしない方が良いと思います。

売上と利益はまったく比例しない

売上に強く目が向く理由として、売上と利益が比例するという幻想にとらわれていることも挙げられるでしょう。

例えば、現状の売上が10億円で、利益（営業利益）が1000万円だった場合、なぜか多くの経営者は「売上を12億円に増やせば利益ももう少し増える」と考えます。

考え方は分かります。実際、売上に伴って利益も増える場合もあります。

しかし、それには条件があります。

まず、自社の設備や人員を見直し、売上増加分の仕事をこなせるかどうか考えなければならないでしょう。生産力や施工力には限度があります。たくさん仕事を取り、売上を増やしたとしても、その仕事を消化できる力がなければ品質が低下します。量も質も維持しようとすれば現場の労働力が限界になり、社員が疲弊していきます。

また、市場にある仕事の量もある程度決まっているものです。無理して売上を増やそうとするあまり、これまでは断っていたような利益率が低い仕事を数多く拾ってくることになるかもしれません。

仕事を取ってくる営業部門は「売上を増やせ」という表面的な指示だけを受けて動いているケースが多いため「とにかく仕事さえ取ればいい」「仕事を増やせばどうにかなる」と安易に考えます。私が知る限り、経営不振に陥っている会社の営業は、間違いなくそう考えています。

「安い仕事だけど、とりあえず引き受けよう」
「あとでコストを調整すればどうにかプラスになるだろう」

そんな風に考えるため、利益率が低い仕事や、場合によっては利益が出ない仕事までも増えることになるのです。

競合の動向や社内設備などの稼働状況などによっては、薄利でも受注した方が結果として利益になることもあります。ただし、基本的には望ましい選択とは言えません。薄利の仕事によって売上が増えるほど、経営の肝とも言える利益率が低下するからです。

闇雲に売上アップを狙うということは、野球にたとえるなら、来た球を全部打ちにいくようなものです。

利益が出ない仕事はボール球なのですが、売上のみを目指す会社は、そういう球も全て打ちにいきます。

だから、打ち損じが増えて、無駄にアウトが増えるわけです。

それならば、ストライクのみをしっかりと狙う方が良いに決まっています。

選球眼が良ければ打率は上がります。打率は、経営で言えば利益率のようなものです。

つまり、安易に売上を追うのではなく、まずは利益率が良い仕事にシフトする考え方そのものが大事なのです。

赤字の仕事を引き受けてしまう心理

それでもボール球を打ちにいってしまうのは、仕事を絞ったり、その過程で断ったりすることに過度な恐怖感があるからなのかもしれません。

例えば、売上1億円になる仕事があるとしましょう。

しかし、過去の受注実績などを踏まえると、その仕事をこなすには1億1000万円のコストが掛かります。

引き受ければ赤字になるわけですから、普通に考えれば、そういう仕事は断るでしょう。

ところが、現実には引き受ける会社があります。

相手に恩がある場合や、今後のことを考え、ここで恩を売っておくといった戦略があるならまだしも、断りづらい、断ったら次の仕事に影響するかもしれないといった理由で、自ら赤字を抱え込んでしまう会社があるのです。

業績不振に陥っている会社の場合は、取引先に足元を見られて過剰に安く依頼される可能性も増えると思います。

業績不振とまでいかない会社でも、やはり目先は売上は欲しいので、つい「儲からないけど引き受けよう」「採算が合わないけど売上が立つからいいか」「受注見込みがないと金融機関からの融資に影響するかもしれない」などと判断してしまいます。

私の感覚では、そういう背景から赤字仕事を受けている会社が中小・零細企業の半分以上を占めているように感じます。

これも突き詰めれば、売上1億円という目先の数字にとらわれている例です。

売上にのみ目が向いているから、赤字になるという結果が見えなくなってしまうのです。

「断ったら次の依頼が来なくなる」

そう考える社長は実に多いのですが、私が見る限り、赤字仕事を依頼する会社が利益率の良い仕事を依頼してくるようなケースはほぼありません。

むしろ「安く引き受けてくれる会社」と軽く見られ、次も安い仕事を依頼してくるケースが増えます。

また、建設や製造の分野では「現場に余力があるから」という理由で、安値で引き受けている会社もあります。

最近はどの業界も人手不足のためそのような例は減ってきていますが、人が余っていたり、機械が稼働していなかったりする状態を見て「遊ばせておいてはもったいない」と考える社長もいるのです。

その気持ちも分からないではないですが、受注金額があまりに低い場合は無駄に現場を疲れさせる原因になります。引き受けても儲からない仕事を受注するくらいなら、その仕事を断り、現場の社員を休ませた方が良いのではないでしょうか。損した上に疲れるくらいなら、プラスマイナスゼロで体力、気力が回復できるほうが良いでしょう。現場の稼働率を見て受注するかどうか決めるのであれば、せめてそこまで考えた上で引き受けるかどうか判断をしてほしいのです。

最大のリスクは社員が疲弊すること

赤字仕事や薄利の仕事を引き受けるデメリットは、実際に働く社員の立場から見てみればよく分かると思います。

仮に売上2倍を狙うのであれば、単純に考えて社員も2倍働かなければなりません。従業員数が倍になるなら負担は変わりませんが、たいていの場合は現状の人数で売上2倍を迫られます。

「遊ばせていたらもったいない」という社長の感覚だけで、儲からない仕事のために酷使されるわけです。

また、現実的に考えると、2倍働いて利益が2倍になる可能性はかなり低いといえます。おそらく利益率が低い仕事が増えることになり、その中には薄利の仕事、赤字になるかもしれない仕事も含まれている可能性もあり、粗利益は伸びず、社員としても残業代が少し付くくらいのプラスにしかなりません。

社員の立場から見ると、こんな理不尽なことはありません。

売上アップのための労力を機械などで賄えるのであれば、状況によっては薄利であっても受注してもよいかもしれません。

しかし、実際にはそうではなく人が働きます。

受注したとしても薄利で、場合によっては赤字になるかもしれない仕事のために、社員の負担は肉体的にも精神的にも大きくなり、結果、全員が疲弊します。ミスが出やすくなり、品質低下の原因にもなり、会社にとっても大きなマイナスになりますし、社長自身も苦しくなります。

経営改善に取り組むなら、まずはそういった目に見えない部分のリスクまで考えたほうが良いでしょう。

製造業、建設業などでは、外注費、材料費などの変動費のみを原価として計算し、その仕事が黒字になり、なおかつ、受注しなければ完全に現場が遊んでしまうのであれば、引き受けたほうが良い場合があります。

具体例を挙げると、外注費が1000万円、材料費が1000万円、労務費が500万円の仕事の場合、通常は受注金額が2500万円以下で赤字になります。しかし、現場が完全に遊んでしまうのであれば、2000万円から2500万円までの金額なら受注を検討してもよいということです。当然、2000万円より低い金額で受注すると完全な赤字になりますから、現場を遊ばせておいたほうが良かったということになります。

ただし、この条件を満たしていたとしても、現場の繁忙期に引き受けてはいけません。薄利の仕事を受注し、現場がフル稼働に近い状態になることにより、利益率が良い仕事を断らなければならなくなる「機会損失」が必ず生じるからです。

現金のやり取りが少ない会社が陥りやすい病

売上至上主義は一種の病です。

では、どんな人がこの病気にかかるのでしょうか。

社長の性格的には、自分や自分の会社を規模により大きく見せたいという比較的自分を大きく見せたい傾向のある人が挙げられます。また、仕事がなくなったり、減ったりすることを過度に心配する人もかなり注意が必要です。

つまり、傲慢でもダメですし、心配性でもダメだということです。

業種としては、現金の出入りが見えやすい飲食業や小売などは、売上至上主義に陥る可能性が比較的小さいように感じます。

例えば、ラーメン店などでは材料の仕入れが日々ありますし、売上なども毎日現金で受け取ります。

お金との距離が近い現金商売である分、利益にもシビアになりやすいと思うのです。同様の理由で、日々現金でやり取りする小売店なども、売上至上主義になりにくい傾向があるように感じます。

一方、建設、製造、卸などは手形を切って商売するケースがありますので、お金との距離が比較的遠くなりがちです。

帳簿の上だけでお金のやり取りを見ていたり、その額が何千万、何億という身近な単位ではないため、利益管理が逆に軽視されやすく、結果的に売上至上主義という病にかかりやすくなるのだと思います。

環境の面では、会社の規模そのものが大きくなっていくほど、売上至上主義になる傾向が見られます。

例えば、個人事業主や個人で店を営んでいる人で、売上至上主義になる人はあまり見られません。

理由としては、個人事業では利益がなければ生活できなくなってしまうため、売上よりも利益に目が向きやすくなるためだと思われます。

「利益がないと生きていけない」という現実が、売上至上主義に陥るのを防いでいるともいえるでしょう。

ただ、会社が大きくなっていくと「規模を大きくしたい」という欲求がどうしても表に出てくるようになります。社員10人なら50人、売上1億なら5億を目指そうという気持ちが強くなっていくものなのです。

また、会社が大きくなると融資を受けて事業をするケースも増えていきます。

すると、融資を受ける際に売上規模が大きい方が良いだろうと考えてしまいます。

融資を受けたら、今度は社員に給料を払わなければいけないというプレッシャーのほかに、借金を返さなければいけないというプレッシャーを抱えることになります。

それが原因で「仕事を減らしてはいけない」という過度の思い込みや、断ったら次がなくなるといった恐怖心が生まれます。

そうこうしていくうちに売上に目が向くようになり、気づけば売上だけ追いかけて薄利の仕事や赤字の仕事を増やすようになってしまうのです。

社員の意見に耳を貸さない

一方、小さい会社が売上至上主義に走ってしまうケースもあります。

小さい会社ほど社長の影響力が強く、ワンマン経営になる傾向があるため、社長が売上至上主義に陥ったが最後、会社全体が売上だけを追いかける集団になるからです。

私が支援してきた会社を例にとると、経理などを見ている社員の中に、たまに売上のみを追い掛けていてはダメだと気づいている人がいるケースもあります。

ただ、彼らのように経営の問題点が分かっている人がいても、ワンマン経営の社長は耳を貸しません。

少人数の会社でも社長と社員の間には見えない壁があり、ワンマン経営の会社ほどその壁が高くなるのです。

ちなみに、私が経営支援をスタートする際には全ての社員の方と面談を行います。その時に「この人は経営の本質的な問題点が分かっているな」と思った人には、その後の改善の取り組みの中でも改善チームの主力メンバーとなってもらいます。

利益を見る意識が高い人や、経営に関する正しい知識や考えを持っている人を見つけ、彼らの声を経営に反映できる組織にすることが、経営改善の第一歩になるのです

税理士、会計士、コンサルタントなどは経営の専門家ですから、「売上ばかり追い掛けていてはダメ」と分かっている人もいます。

彼らが指摘すれば、社長が耳を傾ける可能性も大きくなるでしょう。

しかし、彼らが社長に毅然と提言することはあまりありません。せいぜい「利益を増やしましょう」とやんわりアドバイスする程度で終わってしまうことが多いのです。

なぜかというと、経営に深く踏み込んだ指摘をすることで、社長の経営方針を批判した

と思われ、その結果として、彼ら自身が仕事を失ってしまうことを恐れる心理が働くからです。数年前に起きた大手メーカーの粉飾決算も、大手会計事務所が問題点を「言い切れなかったのでは」と言われていました。

社員が言っても社長はいうことを聞かず、外部の専門家もその問題点を指摘することができない。そういう環境が売上至上主義に拍車を掛けているといえます。

本気にならないと何も変わらない

会社経営は、社長本人のみならず、社員の生活にも影響しますし、当然、社員の家族の生活にも関わります。

そのため、本気で経営改善したいのであれば、社長も本気になり、どんなことをしてでも改善するという覚悟を決めなければならないでしょう。

社員の意見を聞くことや、そのために日々のコミュニケーションを良くすることなどは必要最低限のことです。

社員との間に壁を作り、「どうせ社員の意見だから」などと見下すような思考を持つことは論外です。

そこを変えない限り、または、そこがそもそもの問題であることに気がつかない限り、社員に「売ってこい」「売上を増やせ」と命じるだけの経営は永遠に変わりません。そもそもの人間関係ができていない状態や、信頼関係がない状態では何をやってもうまくいくはずがないのです。

また、税理士、会計士、コンサルタント、銀行の融資担当者など、外部からその会社の経営改善に携わる人も、社長と同じくらい本気にならなければならないでしょう。

一つ例を挙げると、ある時、経営状態が全然良くならない会社のコンサルティング業務を引き継いだことがありました。その会社では過去3年にわたって別のコンサルタントが付いていたのですが、業績が改善するどころか会社の状態は悪化していました。そこで会社のメインバンクから指示を受け、私が後釜にすわることになったのです。

その時、私は前任のコンサルタントと話し、その会社の業績が落ちている理由を聞きました。

するとその人は、「業績には反映されなかったが、この3年でこの部分は良くなった」

というようなことを言ったのです。

その言葉からは「自分はやるべきことはやった」「だから私は悪くない」という主張が感じ取れました。

社長に嫌われないように振る舞い、当たり障りのない提案しかできなければ、効果も限定的になります。私はそう確信しました。

社長にとって耳が痛いことでも、必要であればしっかり伝える使命感と、そのせいで場合によっては嫌われても構わないという覚悟がない限り、会社の業績改善はできないものなのです。

もちろん、コンサルタント業務は多種多様ですから、営業スキルを高めたり、人材育成の制度を作るといった部分的な改善を専門にする人もいます。

その時の前任者も、感覚としてはそういう立場で経営改善と向き合っていたのかもしれません。

しかし、それは人の体でいえば指先のケガや足の骨折を治すようなものです。

経営不振は、いわば生死に関わる話ですので、ケガや骨折を治したところで、病気によって心臓が止まれば死んでしまいます。会社の場合は倒産します。

そうならないようにするのが、コンサルタントの本来の役割だと私は思います。

命は助かりませんでしたけどケガは治りました。

病気は末期症状ですが骨折は治りました。

それで喜ぶ人がいるでしょうか。

私はいないと思います。

本気で経営改善したいのであれば、社長は自分のこれまでのやり方を変える勇気を持つ必要がありますし、支援する人も嫌われる勇気を持たなければならないと思うのです。

すべては売上至上主義の否定から始まる

偉そうなことを書きましたが、実は私自身も解約を恐れていた時期がありました。

独立して3、4年くらいの時期までは、仕事を失いたくないという保身の気持ちがどうしても出て、売上第一で突っ走る社長の方針を強く指摘することができませんでした。遠回しな言い方でやんわりとしか伝えられなかったため、根本的な改善に余計な時間が掛かったこともありました。

当時は5社くらいの経営改善に携わり、どの会社も業績は伸びましたが、目標まではまだ遠く、飛躍的な改善には至りませんでした。

売上至上主義が間違っていると断言せず、経営改善のためにやめてほしいことや、やってほしいことを強く言い切らないわけですから、当然の結果といえるでしょう。

根本的な問題は、解約を恐れて口出しできなかった私がコンサルタントとして未熟だったからです。

そのことに気づき、私は方針転換することにしました。

以来、ダメなものはダメだというようになり、経営改善のためにやめてほしいこと、やってほしいことについて「私を信じてやってくれ」「やめてくれ」と強く言うようになりました。

それがきっかけとなり、5社の業績は嘘みたいに伸びていくことになります。

間違いを指摘することによって社長に嫌われることもなく、むしろ利益が上がって感謝されるようになりました。

また、そのような成果を見た銀行の担当者などに注目されることにもなりました。

「どうやら中西というコンサルタントが関わっているらしい」

「ウチが融資している会社も立ち直らせてくれるのではないか」

そんな話が増え、依頼数が増えていくことになったのです。

今はそのような経緯で銀行に任された会社を含め、30社近い会社の経営改善を同時進行しています。

どの会社も順調に経営状況が改善しています。

任された時はいずれも赤字や債務超過といった問題を抱えていましたが、ほぼ全ての会社が黒字化していますし、支援を始めて間もない会社も黒字化の目処が立っています。

このような実績も踏まえて、私は私の主張に自信を持っています。

主張はシンプルです。

経営にはさまざまな問題がありますが、まずは売上を追いかける経営をやめるということです。

そのためには、まずは経営者の方は自社が売上至上主義に陥っていないか疑ってみることが大事なのです。

「売上があと10％伸びれば何かが変わる」

そんな考えがふと思い浮かぶことがあるとしたら、それは売上至上主義という病気です。何かが変わると期待しているかもしれませんが、実際には何も変わらず、むしろ悪化していく一方なのです。

［第2章］

粗利「だけ」目標にすれば業績は上がる

粗利とは何か

経営不振に陥る第一の落とし穴は、売上を見てしまうことです。

その穴さえ飛び越えれば経営改善は順調に進みます。

では、売上から目を離し、どこに注目するのでしょうか。

その答えは本書のタイトルにもある「粗利」です。

粗利は、売上総利益や売総とも呼ばれる利益の一種で、詳細はこれから説明しますが、ここを軸にした経営にすることが経営改善の肝です。

まずは損益計算書（以下ＰＬ）の流れに沿って、粗利がどういうものかをおさらいしておきましょう。

ＰＬに沿ってお金の出入りを上から順に見ていくと、もっとも上に載るのが売上で、以下、売上総利益（粗利）、営業利益、経常利益、税引き前利益、純利益という順に並びます。

それぞれの利益をざっくり説明すると、次のようになります。

売上：商品やサービスを販売して得る金額の総額
粗利：売上から売上原価を引いた金額
営業利益：粗利から販売費と一般管理費を引いた金額
経常利益：営業利益に営業外収益を加え、支払利息などの営業外費用を引いた金額
税引き前利益：経常利益から特別損益などを引いた金額
純利益：税引き前利益から法人税を引いた金額

純利益を見ても社員はピンとこない

会社が存続していくためには、ＰＬの最下段の項目である純利益がプラスでなければなりません。

利益が残れば投資もできます。給料やボーナスとして社員に還元することもできますし、手元に現金が余るわけですから、運転資金などを借り入れる必要もなくなります。

ということは、社長も社員も純利益の黒字を目指せば良いということになります。

ただ、そのように考えると話が複雑になります。

前述したように、純利益は最終的な利益であり、あらゆるコストを引いて残るお金のことですので、日常的にどんなコストが掛かっているのか把握していないと、どれくらいの純利益が残るかイメージしにくいのです。

簡単にいえば、現場で働く社員たちから見て、純利益という言葉がピンとこないということです。

例えば、自分が商品やサービスを売る営業スタッフで、「純利益が３００万円以上残るように売ろう」と言われたとしましょう。

ピンとくるでしょうか。

私は難しく感じます。

何を、どれくらい売れば良いか、目安も浮かびません。

「純利益３００万円」という目標を自分の販売目標に置き換えるためには、その過程で引かれる一般管理費、支払利息、法人税などを計算しなければならないからです。

経常利益や営業利益を目標にする場合も同じです。

経常利益を考えるためには支払利息などがいくらか計算しなければならず、営業利益を把握するためには一般管理費がいくら掛かっているか知らなければなりません。

そう考えると、売り手にとってはＰＬの上の方にある項目ほど身近に感じやすく、自分の販売目標と紐付けしやすいといえます。

もっとも分かりやすいのがＰＬの一番上にある売上で、売上は自分たちが売った金額のことですから、どれだけ売れば良いか分かりますし、あといくら足りないかも分かります。

もちろん、売上を目標とする経営は避けなければなりません。理由は前章で触れたとおり、売上を増やしても利益が増えるとは限らないからです。

そこで、粗利です。

ＰＬを上から順に見ていくと、粗利は売上の次に出てきます。

ＰＬの中で上にあるほど個々の目標としてイメージしやすく、なおかつ、売上至上主義に陥る可能性も避けられるという点で、粗利は目標として使う項目に適しているといえるのです。

粗利を稼げば赤字は防げる

粗利が重要である理由は簡単です。

目標とする粗利額を稼げれば、その結果として、もっとも下の項目である純利益が黒字になる可能性が大きいからです。

では、目標とする粗利額はどのように設定すれば良いのでしょうか。

ポイントは、今度は逆にＰＬを下から見ることです。

ＰＬの最下段の項目は純利益です。目指しているのは、この部分を黒字にすることで、純利益から上に見ていくと、粗利は、支払利息や一般管理費など各種コストを足した金額と一致します。

ということは、最終的にいくら残したいかを考え、純利益の目標額を設定すれば、そこに各種コストを足すことによって目標となる粗利の額が計算できます。

粗利目標を達成するということは、支払利息や一般管理費などを賄うことと言い換えられますので、それができれば、経営状態の悪化や、新たな資金の借入れを極力抑えることができます。

逆に、経営に必要な粗利目標が達成できなければ、PLでその下に続く営業利益、経常利益などもマイナスになり、純利益も赤字になります。

そのため、まずは粗利目標を超える分だけ稼ぐことが経営改善の最低条件となります。

単純な計算方法ですから、経営陣としては粗利を管理することによって収益状況が管理できますし、現場で稼ぐ社員にとっても、イメージがわきにくい純利益を目標とするより、粗利を目標とした方が、いくら稼げばいいか、あといくら足りないかが把握しやすくなるはずです。

製造業の目標値は「粗利」ではなく「限界利益」で設定

小売業や卸売業などは製造現場を持っていませんので、粗利のみを目標にすることによりシンプルに目標管理できるようになるでしょう。

一方、製造業や建設業のように、製造・建設現場で働く人の人件費が製造原価の一部となる業種では、粗利よりも限界利益で目標を立てるやり方がより有効です。

実際、私が支援している製造業の会社は全て限界利益で目標設定しています。建設業は、実行予算書を見ている現場の代理人が粗利を見る方法に慣れている場合は粗利目標のままですが、そうではない会社では限界利益を目標にしています。

では、限界利益とはどういったものなのでしょうか。

限界利益は、売上高から材料費や外注費を中心とした変動費のみを引いた金額のことです。

粗利の計算との違いとしては、製造現場や建設現場で掛かる人件費や機械の固定費などの費用をどう扱うかによって変わってきます。

粗利は、売上から売上原価を引いた金額ですので、製造現場で掛かる人件費や機械の固定費などが売上原価の中に含まれます。

例えば、売上高が10億円、材料費が2億円、外注費が2億円、製造現場の人件費が1億円、機械使用分の固定費で1億円掛かっているとしたら、変動費である材料費と外注費に加え、人件費と機械使用分の固定費の合計6億円が原価となりますから、粗利は4億円となります。

一方、限界利益で見る場合の原価は、材料費と外注費のみの4億円です。つまり、限界利益は6億円となります。

なぜこれが製造業や建設業に向いているかというと、製造現場などの人件費は、生産量が増えることによって残業代が増えたり、臨時で雇う人の人件費が増えるといった多少の変化はありますが、基本的には大きくは変わらないというのが最大の理由です。

そのため、これはあくまでも「一つの考え方」ではありますが、人件費に相当する部分を全て固定費にまとめて目標金額を設定しても大きな金額の変動はないと私は思います。

販売数によって原価が変わる

限界利益を営業の目標値にすると、とにかく分かりやすくなるという大きな利点があります。

通常、多くの会社や原価管理などに携わるコンサルタントは、製造業の固定費を商品一個一個の原価に割り振ります。この細かい業務に異常に執着している人も多く、細かい業務であるがゆえ皆悪戦苦闘しています。

しかし、いかに緻密な計算をして人や機械の固定費を商品原価に割り振っても、また、その原価を基にして販売金額を設定したとしても、販売量が変われば原価も一瞬で変動します。そこが、商品一つずつに割り振るやり方のリスクだと私は思うのです。

試しに計算してみましょう。

例えば、販売数1000個、売上高7億円、製造原価の合計が6億円だったとします。原価の内訳は、変動費が4億円、製造固定費2億円です。

この場合、粗利目標は1億円となり、1個あたりの製造原価は60万円、販売金額は70万円の設定となります。商品が1個売れた時の粗利は10万円です。

では、販売数1000個のうち、全部で800個しか売れなかったらどうなるでしょうか。

変動費は販売数に伴う原価ですので、売上が下がった分、変動費も下がります。しかし製造固定費は販売数が減っても増えても概ね変わりません。固定費として年間で2億円は必ず掛かるわけです。

当初の原価設定は60万円ですが、それは販売数1000個で計算した場合の数字です。

８００個しか売れなかった場合、製造固定費の２億円を販売数の８００で割りますから、製造固定費の割り振りが1個あたり20万円から25万円に上がります。結果、製造原価の合計は1個あたり60万円から65万円に変わります。

この変動が厄介なところです。

粗利で目標設定すると、売れなければ原価は上がり、多く売れれば原価が下がります。同じものを同じ金額で売っているのに、販売総数によって「粗利が違う」現象が起こるのです。

原価が変わると安売りが増える

そしてこの原価が変動する問題が、安売りにつながります。

粗利を目標にする場合、多く売れれば原価が下がりますので、「安くてもいいからとにかく数を売ってこい」という経営の指示が出やすくなってしまうのです。

また、会社によっては原価が周知されていない場合もあります。すると、本当の原価が分からない営業マンが安売りに走り、限界利益上でも赤字になる仕事、つまり、受ければ受けるだけ赤字になる仕事までも受注してしまう可能性があります。

これは、原価が変動する影響を極端にまとめた例です。実際生産に掛かった時間や労力を商品ごとに数値化し、一個一個の原価を細かく出す意味は私にも分かります。そこで算出される傾向がその後の販売に生きることもあるでしょう。

ただ、そのようなメリットがあったとしても、前述のような状態になると、まず営業が売りにくくなると思うのです。販売数によって原価が変動し、利益も変わると聞くと、変動費のみを原価とした場合に、本当の原価がいくらか周知しておかないと、たくさん売って赤字が膨らむという最悪の状況に陥ってしまうこともあるのです。

このようなことから、製造固定費は、一般管理費の中に含まれる非製造現場の人件費と同じように、必ず稼がなければならない費用と位置付けた方が良いと私は思います。

変動費のみを原価とする限界利益を目標値に設定した方が、営業の人たちも目標を把握しやすくなり、売りやすくなります。経営者としても、利益確保の限界点が分かり、収益を管理しやすくなるというメリットがあると思うのです。

必要経費が分かれば利益目標も作れる

粗利や限界利益が重要である理由が分かれば、あとは黒字となる粗利・限界利益を計算し、目標額として設定するだけです。

非製造業の場合は一般管理費を見れば目標が分かります。

製造業の場合は一般管理費と製造人件費、製造固定費を見て、いくら稼げば良いか計算し、その金額を目標にします。

従来のような売上目標を立てる経営では、例えば「10億円の売上を目指す」ことが目標になっていました。

しかし、仮に10億円稼げたとしても、粗利が1億円で一般管理費が2億円掛かっていれば赤字になります。

一方、粗利の目標を立てる経営は、一般管理費がいくら掛かっているかを踏まえた上で目標を立てます。

営業黒字を基準にするなら、非製造業では、一般管理費が2億円の場合、2億円以上稼げば黒字になりますから、2億円が当面の目標になるでしょう。製造業においては、一般管理費と製造人件費・製造固定費の合計が4億円なら、限界利益4億円が目標です。

そのように少し視点を変えるだけで、黒字にするための目安がとても明確になります。非常に単純ですがその効果は大きく、実際、私の支援先である会社の社長たちからも「本当に分かりやすくなった」「驚くほど目標が明確になった」という声を聞きます。

また、売上ではなく利益を見た経営に変わりますから、従来のようにがむしゃらに売上を追う必要がなくなり、利益も出やすくなります。

利益を見て経営しているわけですから、当然の結果といえるでしょう。

会社によっては、借入金の返済があり、営業利益から支払金利が引かれる場合や、純利益から借入金の元金を返済しなければならない場合があります。

そのような場合は、粗利に支払金利と年間の返済額を足して目標額とすれば良いでしょう。

また、将来に向けた設備の買い換え・買い増しの資金を残したいと考える会社もあることでしょう。頑張ってくれる社員への報酬として給料を増やしたり、ボーナスを払いたいと考える社長もいます。

そのような場合も、粗利にそれらコストを全て加えた金額を目標にします。

私はこの金額を「必要粗利額」と呼んでいます。

必要粗利額を設定し、それを超えるだけ稼ぐことができれば、負債が減り、ボーナスの原資を作ることができます。

働き手の目線で見ると、必要粗利額を稼ぐことが、ボーナスを受け取るための目安の金額にもなります。

目標が変われば仕事の中身も変わる

私が支援している会社は、売上目標をやめ、粗利や限界利益を目標に変えただけで軒並み経営状態が改善しました。

赤字だった会社は黒字になりましたし、黒字ではあったものの利益が少なかった会社は、今までの何倍もの利益を稼げるようになりました。

「そんな簡単にいくのか」と疑う人もいるでしょうが、事実、たったそれだけのことで経営状態は良くなります。

なぜかというと、利益に目を向けることがきっかけになり、社長や社員が売り方や作り方を考えるようになるからです。実にシンプルに「いかにして利益を得るか？」と考えるようになるのです。

例えば、営業部門が仕事を引き受ける場合、利益がどれだけ得られるかを考えるようになるため、採算度外視の仕事は受注しなくなります。薄利の仕事も減ります。その結果、受注する仕事の利益率が良くなり、利益が増えやすくなります。なによりも、利益を増やすという意識が強烈に働きます。その結果、高く売るにはどうするか考えるようになり、その努力が利益アップにつながります。

このような取り組みの積み重ねにより、経営状態は目に見えて良くなっていくものなのです。

また、売上ではなく利益を目標にすれば、高く売る方法のほかに、材料費や仕入れ値など原価を安くするという意識も働くようになるでしょう。

利益は売り値と原価の差から生まれますので、売り値が高くなれば利益が増えますし、原価が下がった場合も利益が増えます。

そのような視点を持つことにより、安く仕入れられる取引先を探したり、材料費を安くするための交渉をするなど、社員の日々の仕事内容そのものが変わっていくのです。

高く売り、安く仕入れる方法を考える

もう少し詳しく説明すると、利益を増やすための方法は、そんなに難しく考えなくても実行できるものと、深く考えなければならないものに分類できます。

難しく考えなくても実行できる方法としては、例えば、販売数や売上高のみを考え、とにかく量を売る方法や、単純に経費などのコストを下げる方法などが挙げられます。

量を売る方法としては、売上目標や販売数目標のみを立てて取り組む方法です。とにかく安くすればある程度の量は売れるでしょうから大きな工夫はいりません。

経費などのコストを下げるもっとも単純な方法として、とにかく人を減らし人件費を抑える方法が挙げられます。この方法も、実際に減らせるかどうかは別として、考え方としては比較的簡単に実行できるものといえます。

一方、深く考えなければならない方法は、販売金額を上げたり、原価を下げるといったことです。

これらは簡単には実現できません。方法を練らなければなりませんし、考えたり試行錯誤したりするのが面倒ということもあり、誰もやりたがりません。そもそも利益を見る視点がなければ、高く売る、原価を下げるという発想にもなりにくいといえるでしょう。

具体例で考えてみると、１００個売れている商品があり、販売数だけを考えて１５０個売るのは比較的しやすいということです。原価を深く考慮せずに安売りなどを行えば、あと50個くらいは頑張って売れるでしょう。

しかし、１００円の商品を１２０円で売るのは苦労します。買い手が20円高く払ってもいいと思える理由を考えたり、その分の価値を新たに作り出さなければならないからです。

こうやって比べてみても、安く売る方が圧倒的に簡単であることが分かります。

だから、多くの人はたくさん売る方法を選びます。

社長が「たくさん売ってこい」「経費を掛けるな」と言うのも、そういう指示の方が簡単で、実現しやすいからでしょう。売り手である営業や販売の社員も、販売個数が増えれば仕事をしたような気になります。

社長にとっても社員にとっても、個数や売上を追い掛ける方が楽なのです。

しかし、簡単なことは誰でもやりますから、競合も同じことをします。

その結果、何が起きるかというと、安売り競争が始まります。商品の付加価値を高めない限り、たくさん売るためには安くしなければならないからです。

実際、どの業界でも安売り競争は起きていますし、その中で苦戦し、潰れていく会社もたくさんあります。

１００円が90円になれば利益率が下がりますから、営業部門はさらにたくさん売らなければなりません。

製造部門は、売り値90円で利益を出さなければならず、そのために材料費を必要以上に抑えたり、人を減らして対応することになるでしょう。結果、商品やサービスの質が下がり、人手不足によって現場が疲弊します。

現場が疲弊すれば辞める社員も出てきますし、辞める人が増えれば、残った社員の負担がさらに増え、品質も社内の雰囲気もますます悪くなるでしょう。

そのような悪循環をもたらすのが、「たくさん売ってこい」のデメリットであり、売上至上主義のそもそもの問題なのです。

本来の経営は、そういったリスクに目を向けなければなりません。

その点、利益を得る方法を根本から考え、高く売り、安く仕入れる方法を考えるようになれば、価格競争に巻き込まれるリスクは小さくなります。

たくさん売る方法から離れることで、売上額は減るかもしれません。しかし、利益は出やすくなります。

営業部門は、たくさん売るために飛び回る体力はいらなくなり、その代わりに、高く売るため、安く仕入れるために頭を使うようになるでしょう。

製造部門も、薄利の商品を大量に作る日常から解放され、負荷が小さい状態で、質が高く、利益率がよい商品を作れるようになります。

経営改善では、そのような意識を会社全体で共有することが重要なのです。

売値と仕入れ値に目を向ける

では、どうすれば高く売り、安く仕入れることができるのでしょうか。

私が支援させていただいた会社では、売上目標を利益目標に変えたことがきっかけになりました。利益を見る意識を徹底することで、自然と売値と仕入れ値に注目するようになり、売り方や作り方が変わっていったのです。

そこで重要なのは、各商品を売ったり、各現場が仕事を受注した際に「いくら儲かるか」を考えることです。この一点に尽きるだろうと私は思います。

経営不振に陥っている会社は、なぜか「売る」ことのみに意識を向けます。結果として利益が残っていなくても「会社の売上が増える。工場も稼働する。だからいいだろう」と考えます。

粗利目標を達成する方法として、少し安くし、より多く売る戦略が有効な場合もあります。

ただし、それはあくまでも粗利目標を達成するという目標と紐付けされていなければなりません。

どの商品を売ると利益が大きくなるのか。利益が小さい商品は、どれくらい売れば粗利目標に到達するのか。そういったことを粗利を稼ぐという視点から総合的に考えなければならないのです。

この順番で考えると、自然と利益率が高い商品やサービスが絞り込めます。

これを売ると儲かる。

こっちはたくさん売らないと儲からない。

そんなことが分かってくるわけです。

そのような分類を踏まえ、利益率が高い商品をよりたくさん売ることにより、利益も飛躍的に増えていきます。

原価に関しても同じで、社内経費などの「一般管理費」を下げることを真っ先に考える社長は多いのですが、その前に仕入れをもっと安くする方法を考える必要があります。

私が支援している会社の例で見ると、この作業をせずに闇雲に固定費の削減に取り組んでいるケースが多いように感じます。

「経費削減」を大々的に掲げ、コピー用紙の節約や電気のこまめな消灯などを社員に強要している会社がその例といえるでしょう。

明らかな経費の垂れ流しはやめた方が良いと思います。

しかし、そうでないなら、基本的には一般管理費の中の細かな経費削減には、そこまで力を入れなくてもよいと、私は思っています。

そもそも、細かな経費を削減しても、そこまで大きな経費削減にはなりません。仮にコピー用紙を節約し、使用量を年間で100枚減らせたとしても、たいした金額にはならないでしょう。電気代も同じで、誰もいない部屋の電気は消した方が良いでしょうが、こまめに消したところで節約できる金額は知れています。むしろ社員のコスト削減意識がそういった部分にのみ注力される方が問題なのではないでしょうか。

そのような細かな節約をするなら、紙と電気を使ってでも、材料費や外注費である商品における変動費をより安くする施策を真剣に練った方が良いと思うのです。

す。

改善の兆しが見えたら報酬を増やす

粗利を見る経営は、単に利益が獲得しやすくなるだけでなく、社員の士気にも影響します。

前述した経費が良い例といえるでしょう。

「節約だ」「経費削減だ」と言われ、薄暗い部屋の中で仕事をするのは誰だって嫌なものです。しかも、その効果が限定的で、給料が増えることもないのですからなおさら嫌になると思います。

一方、高く売る方法や安く仕入れる方法を考える仕事は、頭を使いますし、苦労もするでしょうが、実現できたときの効果は大きく、取り組んだ人の喜びも大きいはずです。利益が増えれば給料にも反映されやすくなりますから、物心両面で社員の満足を得られるのです。

高く売り、安く仕入れる方法を考えるのも、そのための交渉などを行って実際に利益を生み出すのも社員です。

そのため、まずは彼らがやる気になってくれなければ経営は立て直せません。「売ってこい」「経費を減らせ」の経営はその典型例で、薄利の仕事をたくさんこなすことで体力的に疲れるだけでなく、がむしゃらに働いても給料が増えない状態が続くことで精神的にも疲れます。

そこで重要なのが、頑張ってくれた分の報酬を出すとともに、彼らがやりがいを感じやすいような環境を作ることが大事だと私は思っています。

ですから、私が支援する会社でも、経営改善の兆しが見えたら、まず社員の給料を増やします。ボーナスもできる限り出すようにしています。

報酬とやりがいの両面から社員を支えることで、彼らのやる気が高まり、粗利を稼ぐ経営にも拍車が掛かると思うのです。

ボーナスを出して改善スピードが上がった

報酬とやりがいは並行して高くしていくのが理想ですが、順番をつけるとすれば、まずは報酬を上げる方が先だと私は思います。

そう思う理由として、改善に取り組んでから2年目にボーナスが出せるようになった会社を例に挙げましょう。

その会社はずっと赤字続きで、給料は増えず、ボーナスもない状態が続いていました。改善前の経営方針は典型的な売上至上主義です。営業部門は日々得意先を回り、製造部門も薄利の仕事をたくさんこなしていました。

しかし、限界利益を追う経営に切り替えたことで、少しずつですが経営が上向き、黒字化の目処も立つようになりました。

そのタイミングで、私は社長にボーナスを出すことを提案し、ほとんどの社員に平均30万円前後のボーナスを支給することにしたのです。

ボーナスは社長から社員に手渡しし、その際に一人ひとりと短い面談も行いました。社長から社員に頑張ってくれたお礼を伝えるとともに、今の現場の課題や、変えてほしいことなどを聞くことも面談の目的の一つでした。

その時、ボーナスを受け取って泣いた社員がいました。

頑張ってよかった。会社の経営状態が良くなって安心した。

そういう気持ちが高まって流れ出た、感動の涙でした。

その姿を見て、私はいかに社員が辛い思いをしていたか改めて実感しました。「売ってこい」「経費を減らせ」の日々の中で、彼らは限界まで我慢し、こらえていたのです。

その後、その会社の業績はさらに伸び、今では1回のボーナスが100万円以上になる社員が出てくるまでになりました。

この時、私は意外な発見をします。

前回までと同様に社長から社員にボーナスを手渡すのですが、ボーナス支給額が大幅に増えたにもかかわらず、以前ほどは感動してくれません。30万円のボーナスを泣いて喜んだ社員も、この時は泣かなかったのです。

面談して話を聞いてみると、ボーナスが増えたことはもちろんうれしいのだと言っていました。しかし、それよりも今は、会社をさらに良くすること、さらに利益を上げることにやりがいを感じていると言ったのです。

一言で言えば、報酬を得る喜びからやりがいを感じる喜びに変わったということです。

当初は報酬がもらえることがうれしく、そのためにたくさん努力しようと考えていました。しかし、その気持ちが徐々に変わり、仕事を通じて会社を良くしたり、改善案を出して会社に貢献することそのものが楽しくなっていったのです。

お金が必ずしもやりがいに結びつくとは限りません。しかし、最低限の報酬しか出していない状態で、やる気を出せ、頭を使えと言っても、彼らはなかなか動いてくれないでしょう。

そう考えれば、真っ先に人件費を削ろうとする経営は社員のやる気を損ねる経営ということができるでしょう。

経営改善のプロセスでは、その逆のことをやらなければなりません。

経営が厳しい時にボーナスを出すのは難しいでしょうが、多少無理してでも報酬を出すことが、社員のやる気を高め、利益獲得につながっていきます。ボーナスが社員を勇気づける投資になると考えれば、状況にもよってですが、無理してでも報酬を出す価値はあるでしょうし、それこそが経営改善の勢いをつける重要なポイントになるだろうと思うのです。

目標が明確なほどやる気も出やすくなる

物心両面の心の面では、社員が前向きに目標達成に取り組めるようになるのも重要なポイントだと思います。

売上目標のみで頑張る会社では、あらゆる仕事が後ろ向きになりがちです。

営業部門は「儲からない仕事だけど引き受けないと売上にならない」といった「仕方ない」という気持ちが生まれやすくなります。

製造部門も薄利の仕事や赤字の仕事のために汗水流さなければなりません。

そういう状態ではやる気が出なくなって当然でしょう。

しかし、粗利を見る経営を徹底し、現状として獲得できている粗利額を会社全体で共有すれば、自分たちがどこを目指しているか分かりやすくなり、あといくら稼げば良いかも分かります。

「粗利目標を達成すれば黒字になる」という決算の基本部分を理解してもらうことで、たくさん売るために盲目的に働いていた状態から、明確な目標を持って働く状態に変わることができるのです。

また、目標が明らかになるとやる気も出やすくなります。

例えば、どこまで続くか分からず、ゴールがどこにあるか分からない道を全力で走れと言われたとしましょう。

本気で走ろうと思うでしょうか。

私は思いません。ゴールが分からない道は不安です。途中で力尽きるかもしれないし、ゴールまで到達できないかもしれないと思うから、最初から無理せず、適当に走ろうと思うかもしれません。

販売個数や売上を目標とする方法は、この状態に近いと私は思います。

スタートする時くらいはとりあえず全力を出すことができるでしょうが、どこまで走るか分からないという不安が生まれ、やがて足を止めたくなります。走った先に何があるか、どこまで走れば良いかといったことが分からないと、人は本気で走り続けることができないものなのです。

一方、粗利を見る経営はゴールが明確です。目標粗利額が5億円なら、5億円以上稼げばゴールです。

目標まであと1億円のところまできたら「粗利100万円のこの商品をあと100個売れば達成できる」といった計算もできます。

さらに、営業マンが10人いるなら「1人10個売ればいい」といった計算もできます。計算ができ、自分がやることが分かれば「最低でも10個売る」という役割にも集中しやすくなり、やる気も高まりやすくなるでしょう。

これも、販売個数や売上のみを目標とする経営では実現できない変化だと思います。

「どうやったら稼げるか」を考える

粗利を軸にすれば、薄利を追う仕事や赤字になる仕事で疲弊することはなくなるでしょう。

また、日々の仕事のどこが変わるかというと「どうやったら稼げるか」を重点的に考えるようになるという点です。

稼ぐために重要なのは高く売り、安く仕入れることですので、その方法を考えなければなりません。

例えば、一つ10万円で売っている商品を11万円で売るなら、その商品の魅力をより具体的に取引先に伝える必要があるでしょう。

どんな魅力があるのか。

どうすれば魅力が伝えられるか。

そういったことを常に考えなければならなくなるわけです。

実際、ある会社では取引先へのプレゼン方法を練り、主力商品の値上げに成功した例があります。安く仕入れるための施策を練り、材料費を安くした会社もあります。

「たくさん売る」という経営に慣れているとなかなか目が向きにくいのですが、利益に注目し「どうやったら稼げるか」を考えると、これまでにないアイデアが出てくるものなのです。

また、競合が似た商品を扱っている場合、多くの人は「安くして売ろう」と考えます。

しかし、そこも逆です。

粗利を得るためには高く売る必要があり、高く売るために必要な付加価値を生み出すことが重要だからです。

例えば、商品の梱包方法を変えれば取引先が喜び、高く買ってくれるかもしれません。デリバリーの方法を工夫したり、他の商品と組み合わせて販売するなど、方法はいろいろと考えられるでしょう。

安くして売ったり、訪問先を飛び回ってたくさん売る方が簡単ですが、それでは粗利は稼げません。

考える、工夫する、アイデアを出す、試すなど、これまで大変そう、面倒くさそうという理由で敬遠してきた作業に重点を置くことが、粗利を見る経営を実践していく上で大切なポイントなのです。

粗利を見ると報酬とやりがいがついてくる

売上目標を粗利目標にするということは、経営の根本的な方針を変えることですので、社長や経営幹部の指示も変えなければならないでしょう。

「たくさん売ってこい」という指示は、社員に対して「考えなくていい」と伝えているのと同じです。

そこを変えなければいけません。

重要なのは粗利を稼ぐことであり、そのための施策を社員に考え出してもらうことなのです。

高く売り、安く仕入れる施策を実行していけば、無意味な仕事は減り、利益につながる仕事のみが増えていくはずです。

経営面から見ると、改善以前の状態は、仕事はたくさんありますが、利益が増えない状態です。

しかし、高く売り、安く仕入れるようになれば、当然ながら仕事の量が同じだったとしても、利益は以前より確実に増えているはずです。

社員の目線から見ると、改善以前の状態は、一生懸命働いても報酬に反映されず、やりがいも生まれません。

一方、粗利を見る経営によって利益が出るようになれば、以前より忙しくなることもありますが、そこに報酬とやりがいがついてきます。

粗利を見る経営は、突き詰めれば、この状態に変革することを指しているのです。

さて、粗利を見る経営の説明は以上でおしまいです。

非常にシンプルな考えですから、特に迷う部分もないと思います。

粗利を稼ぐ方針が立てば、あとはそのための具体策を練ったり、効率よく目標達成するための方法を考えていけば良いだけです。

このような話をすると「本当にそれだけ」と疑う社長もいます。

その気持ちも分からなくはありませんが、私の経験上、必ず上向きます。必ずです。

むしろ重要なのは、社長を筆頭とする経営陣が「粗利さえ稼げば大丈夫」と信じ込めるかどうかであり、そう信じて経営方針を転換できるかどうかだと思います。

きちんと必要粗利を計算し、その金額を稼ぐことができれば、結果として会社は黒字になります。

給料を増やしたり、ボーナスを出したりすることにより、社員のやる気を高めることもできますし、辞めてしまう人を減らすことにもつながります。

粗利「だけ」見る経営は、そのような根拠と効果を踏まえたものであり、経営改善に向けた最短ルートでもあるのです。

［第3章］

粗利「だけ」見る姿勢を定例会議で社員に叩き込め！

粗利の状況を確認する場が必要

重要なのは、必要粗利額を見る目を持ち、目標とする必要粗利額をしっかり稼ぐ意識を持つことです。

それができたら、あとは着々と粗利の稼ぎ具合を確認します。

具体的には、現時点でいくら粗利が取れているか確認し、足りない分を期末までに確保する施策を考えます。

その話し合いの場となるのが「粗利確認の会議」です。

会社の会議には種類があります。例えば、「現状の各部署の状況報告」がもっともポピュラーな会議であり、ほかには新商品開発のためのブレストや、人材確保のための意見収集のために行うこともあるでしょう。

そういった会議も大事かもしれませんが、経営改善を考えるなら、まず「粗利確認の会議」です。

細かな施策をどうするか考える際に、まずは経営の根幹である粗利の進捗を見ることが大事です。

目標の粗利額に対し、今いくらまで取れているか、あとどれだけ必要かを認識します。その上で、どのような施策で不足分を補うのかを考え、議論します。

野球を例に考えてみます。今が何回で、何点差かによって作戦は違ってくるでしょう。点差が大きいか小さいか、回はまだ浅いか終盤かなど、その時々の状況によって取るべき作戦は変わります。粗利獲得の作戦もそれと同じだと思うのです。

ただ、現実がどうなっているかというと、経営の枝葉末節を決める会議ばかり多く、各種会議が、おおまかな結果や状態を確認し合っているのみの会社がかなり多いといえます。経営会議をしている会社でも、その多くは売上について議論する場となっており、利益について議論する会議がほとんど行われていません。

まずはその状態を変えましょう。

そのために重要なのは、ここまで説明してきたとおり、まずは社長を中心とする経営陣が粗利を見る重要性を強く認識することです。そして、その意識を徹底し、共有した上で、粗利確認の会議を行うことです。

何も決まらない会議では意味がない

ところで、世の中には「会議が嫌い」という人が多いようです。

「ああ、退屈だった」

「結局何も決まらなかった」

会議が終わり、そんな感想を漏らしたことがある人も多いことでしょう。

書店に会議をテーマにした本がたくさん並んでいるのも、「良い会議をやろう」「会議を活性化しよう」といった雑誌の記事をよく目にするのも、世の中のあらゆる会議が形骸化し、時間の無駄になっていることの表れなのだと思います。

私が経営改善をスタートする会社でも、最初に会議の様子を見学させてもらうことが多く、かれこれ60社以上の会議を見てきました。

しかし、控え目にいっても良い会議をしている会社はほとんどありませんでした。

会議を見学して感じるのは、まず「長い」ということです。

また、長い割には何も決まりません。

たいてい、話し好きな社長や重役などが一方的に話し、参加者はただ聞いているだけです。

特に問題なのは、何も決まらないという点でしょう。

先日見学させてもらった会議では「人が足りない」という課題を話し合っていました。「ハローワークに出したらどうだ」と、社長が言います。「出しました。それでも人が来ません」と、人事担当者が答えます。

それに対する社長の答えは、「それは困った」であり、「なんとかしないといけないなあ」です。

別の会社では「新商品がなかなか売れない」という課題を話し合う会議を見せてもらったこともありました。

「初動で見込んだ販売数の半分しか売れていません」と、担当者が言います。

それに対する社長の答えは、やはり「なんとかしないといけないなあ」だけでした。

ある時、会議終了後に「こういう会議に何か意味はあるのか」と聞いたことがあります。社員に聞くと「うちはずっとこういう会議なんです」と、もはや諦めている感じでした。

社長に直接聞いてみたら「やはりダメですか」とうなだれました。薄々、自分たちの会議が生産性の低い会議であることに気がついていたのでしょう。そして「なんとかしないといけないなあ」とつぶやいたのです。

冗談みたいな話ですが、あらゆる会社に「なんとかしないといけないなあ」で終わるパターンが根付いています。

「なんとかしないといけない」と分かっていながらも、結果として何もせず、そのままの状態で放置してしまうから、会議は常につまらないものになり、経営課題も放ったらかしになってしまうのです。

なかには、方向性などが決まる会議もありますが、その場合も、誰が、いつ、どんな風にしてやるかといった具体的な部分までは詰めません。

次の一歩を、どの方向に踏み出すか決めるのが会議の役割であるにもかかわらず、世の中の会議の大半は、課題や問題の報告会で終わってしまっているのです。

話し合う内容を決め、短時間で終わらせる

もちろん、社長も社員も、延々と長い会議が良いとは思っていません。方向性を決め、具体策を出さないといけないとも思っています。しかし、それができないのです。

その理由は、何を決める会議なのかが決まっていないからでしょう。会議をする目的が分からず、なんのために開くかが理解されていないため、表面的な報告と行方の分からない薄い話し合いになってしまうのです。

粗利確認の会議は、そこが違います。

というのは「必要粗利額を稼ぐ」「そのために何をするか考える」という明確な軸が決まっているため、何を話すかが分かりやすく、どうすれば良いかという方向性や具体策も議論しやすいのです。

私が通常行っている粗利確認の会議は、現状の粗利獲得状況を確認し、期末に向けた施策を考える場ですので、話し合うことはシンプルです。

この2点しか議論しませんので、長時間延々と続くことはなく、たいてい1時間以内で終わります。

粗利管理という経営の根幹に関わる大事なことであっても、1時間くらいあれば議論でき、結論が出せるということです。

まずはその点を社長や幹部が認識し、月1回の粗利確認の会議を定例化することが大事です。

「また会議か」と思う会議アレルギーの社員もいるかもしれませんが、1時間で終わるものだと分かれば向き合い方も変わります。

定例会議で粗利を見る習慣を根付かせる

粗利確認の会議で重要なのは、定期的に開くという点です。

というのは、粗利の獲得状況は常に変わるため、期初から期末にかけて都度きちんと状況を把握する必要があるからです。

会社の中には、「関係者が集まれるときにやる」という曖昧なスケジュールで会議を開いているところもあります。業績が良くない中小企業にこのパターンが多いのですが、それはやめましょう。

また、社長などのスケジュールに合わせ、月に数回会議をしたり、しない月があったりする会社もあります。これも良くないパターンです。

粗利確認の会議をするということは、粗利を見る経営を確立させるということです。

粗利確認の会議は、そのために不可欠なパーツともいえます。

そのため、経営改善の仕組みを整えるという視点を持って、会議をスケジュール化することが必須です。

毎月開く。時間は1時間以内。参加者を決める。共通の資料を使う。

そういった基礎を固めることで、経営改善の基礎も固まっていくのです。

私が支援している会社では、毎月定例の粗利確認の会議を必ず行っています。

当然、私も参加しますし、ほとんどの会社では私が司会進行をします。

会議の参加者は会社によって異なり、社長を中心とする重役が集まる会議があれば、社長や重役のほか、営業や製造現場の責任者が参加する会議もあります。

また、全国に拠点を持つ会社では、各拠点の支店長や営業所長などに集まってもらい、それぞれの拠点でどれくらいの粗利を確保できているか報告してもらうこともあります。

誰を参加者に選ぶかは会社の規模や拠点数などによって変わるでしょうが、人選のポイントは次の3つだと私は思います。

・現状の粗利獲得状況をしっかり把握できている人
・目標額と進捗状況に過不足がある場合に、その原因を説明できる人
・不足している粗利をいかに獲得するかの方法を講じている人

この3つを押さえているということは、日々の業務でも粗利や粗利獲得の背景などをしっかり意識できているということです。

そういう人たちを中心にすることが経営改善で重要なポイントになります。3つのうち1、2つしか押さえていない人にも参加してもらうのであれば、まずはこの3点を伝え、会議で発言できるようになってもらう必要があります。

経営、営業、製造の役割を整理する

粗利確認の会議は、社長など会社の幹部が出席する経営会議、粗利を稼ぐ営業部門で行う営業会議、粗利を生む製造現場などで行う現場の会議が主軸になると思います。

会議を経営改善に活用するためには、この3つの会議で何を議論するかを明確にしておくことも大事です。

まず経営会議では、会社全体としての粗利獲得状況を確認します。

参加者は、社長など経営陣と、営業部門のトップや現場責任者となるでしょうから、営業部門から販売状況を聞き、現場部門からは着工・納品の状況を聞き、現状として必要粗利額をどれだけ確保できているかを確認します。

また、重要なのは期末までに必要粗利額を確保することですので、現状として不足している場合は、その分を埋める施策を考えます。

そのための準備として、営業部門は期末までに粗利として計上できそうな案件がどれくらいあるか整理しておく必要があります。

一方の現場部門は、納期の遅れなどがないか確認しておくとともに、営業部門が見込んだ粗利がしっかり確保できるかどうか、見込みとズレが発生しそうな場合は、その額がいくらで、粗利にどう影響するかを確認しておく必要があります。

営業部門と現場部門で行う会議は、この部分を明らかにする役割があります。

つまり、営業部門の会議では期末までに獲得できそうな案件と、獲得できた時の粗利額を明確にし、現場部門は、獲得した案件が最終的にいくらの粗利になるか確認します。

例えば、営業部門が「来月末までに納品できる」と見込んだ商品であっても、取引先の都合で再来月にずれ込むかもしれません。建設業では、天候の影響などによって工期が前後するケースがありますし、完成が決算をまたぐようであれば必要粗利額が確保できなくなる可能性もあります。

逆に、新規の受注があれば今期の粗利を上積みできます。受注できそうな案件がある時、新たな取引先候補が見つかった時なども、粗利確保に結びつくかもしれません。

そのような可能性を考えながら、粗利の獲得状況と、手持ちの案件の見込みと金額を明らかにすることが営業部門の会議で重要なポイントになります。

また、営業部門が「粗利1000万円になる」と見込んだ案件だったとしても、実際に1000万円の粗利になるとは限りません。

建設業などでは原価が変わるケースがありますし、むしろ見込みどおりに原価が収まるケースの方が珍しいでしょう。

その部分をコントロールするのが現場の会議のポイントです。

実際の粗利が予算を下回りそうであれば、例えば、追加折衝をするなどして利益額を増やせるかもしれません。予算どおりになれば問題ありませんし、コストをコントロールすることで予算以上の粗利を確保できることもあります。

そのような役割を意識しながら、営業と現場それぞれが粗利確保の施策を考えます。その施策を経営会議で議論することによって経営、営業、現場が三位一体となり、粗利を軸とした経営が成立していくのです。

会議のテーマは粗利のみに絞る

実際に会議で議論する際の注意点としては、くどいようですが、売上でなく「粗利のみ」を見ることが挙げられます。

目標はあくまでも粗利を稼ぐことです。

そのため、売上がどう推移しているか、どう変わったかといった話は一切不要です。「売上を増やそう」「たくさん売ろう」といった指示もいりません。

「粗利の獲得状況と、足りない分をどうやって埋めるかを考えることだけに集中すること」が大事なのです。

むしろ粗利「だけ」見るという意識が会社全体に浸透すれば売上の話は自然と出なくなります。

獲得する仕事に関しても粗利を軸に議論しますので、粗利が取れない仕事は省かれるようになり、利益率も上がりやすくなります。

営業や現場が儲からない仕事のせいで疲弊する可能性も抑えることができるでしょう。

現状としてまだ売上に意識を向ける人がいたり、利益を見る意識をさらに強めたいときなどは、獲得する仕事の「基本利益率」を設定するのも良いかもしれません。

例えば、獲得済みの仕事の粗利率（平均）を表示したり、粗利20%を目指すといった目標を立てることにより、粗利だけを見る意識がぶれないようにするということです。

基本利益率はあくまでも目安ですから、厳守しなければならないという意味のものではありません。

粗利を稼ぐためには、多少利益率を下げてでも引き受けたほうが良いこともあります。利益率だけで仕事を選んでしまうと、そのような粗利獲得のチャンスを逃してしまう可能性があります。

また、一般的な企業は複数の仕事を同時進行で引き受けていますので、その中には利益率が高い仕事と低い仕事が混在しているはずです。

そう考えると、すべての仕事に共通する利益率を設定するのは難しいと思います。

ただ、過去の実績などを踏まえれば、利益率の目安は立てられるでしょう。

重要なのは、目安程度でも良いので利益率という指標を意識できるようにすることです。目安となる利益率を認識できるようにすれば「どうすればもう少し利益率を上げられるか」を考えるようになります。結果、儲からない仕事をたくさん引き受けてしまう状態から抜け出しやすくなるのです。

利益率を見ながら仕事を見直す

基本利益率を設定すれば、利益率が高い仕事と低い仕事を整理することもできるでしょう。

これも、粗利確認の会議でぜひ行ってほしいことの一つです。

明らかに利益率が低い仕事があれば、今後も引き受けるかどうか見直す必要があるかもしれません。

値上げによって利益率を高め、粗利を増やせる可能性もあります。

そのような議論をすることで、利益率が上がりやすくなり、粗利額も増えやすくなるのです。

一方、社長の中には「利益率の引き上げは無理」と思っている人も大勢います。

しかし、本当に無理なのでしょうか。

業種や業界によって利益率の上限はあると思います。

ただ、私が見る限り「引き上げよう」「高めよう」といった努力をすることなく、最初から無理だと諦めている社長も多いように感じます。

また、利益率を高めるには商品やサービスの付加価値を高めなければなりません。そのためには頭を使い、手を動かす必要があるのですが、それを避けている社長も多いように感じます。

要するに「面倒だからやらない」「難しそうだからやらない」と考えているということです。

その結果なにが起きるかというと「今までどおりでいいか」「10％くらいの利益率が取れればいいだろう」と、いつもどおりに安易に見積もりを出し、引き受けてしまいます。それは高く売れるかもしれない商品を自ら安く叩き売っているのと同じことです。そのせいで粗利が増えず、現場の負担が大きくなっているケースも多いのです。

基本利益率の設定は、そういう状況を変えるきっかけにもなるでしょう。

例えば、基本利益率30％という目安を立てれば、これまで10％で引き受けてきた仕事も30％に再設定し、取引先と価格交渉できるかもしれません。

「高過ぎる」と言われることもあるでしょうが、それならそこで値引きすればいいというのが私の考えです。

「高過ぎる」と言われてから値引きするという順番が重要で、「高過ぎる」と言われるだろうからあらかじめ値引きするという従来のやり方が利益を減らす原因になっているのです。

仮に30％にした価格では通らず、20％で落ち着いたとしても、当初の10％だった状態から見れば利益率は倍になります。

実際、私が支援している会社でも、基本利益率を設定し、値上げに踏み切ることで、利益率が上がり、粗利が増えた会社もたくさんあるのです。

「値上げは無理」は思い込み

粗利確認の会議では、会社全体で共有する利益率をガイドラインにするとともに、個別の仕事の利益率も見直してみることが大事です。

前述のとおり、利益率は仕事によって異なり、高い仕事と低い仕事が混在しています。

ただ、だからといって利益率が低い仕事を放っておいてよいわけではありません。

一方に利益率30%の仕事があり、目の前の仕事が10%の仕事なのであれば、30%に引き上げる方法を考える必要があるでしょう。

30%が無理でも、15%や20%くらいまでなら引き上げられるかもしれません。

会社全体として目指す必要粗利額は、一つひとつの仕事で得る粗利の積み重ねです。

現在、引き受けている仕事を一つひとつテーブルの上に並べ、利益率を細かく検証することが、結果として会社全体として得る粗利の増額に結びつくのです。

この作業をやらない社長もいます。

理由としては、面倒だからと考えるからかもしれませんし、利益率は簡単には上がらないと最初から諦めているからかもしれません。

ある会社の社長は「値上げすると売れなくなる」と言っていました。

「価格競争だから値上げは無理」と断言した社長もいました。

しかし、ある会社で全ての仕事を並べてみたところ、これまで10万円で売っていた商品を10万5000円にできた例があります。5万円で売っていたサービスを7万円に再設定できたケースもありました。

「売れなくなる」「値上げは無理」と言っていた社長たちの会社でも、そのような値上げによって利益率が上がり、粗利額が増えています。

「無理だろう」と考えてしまうせいで、本来なら高く売れる商品を安売りしていることに気づいていないこともあります。私の感覚では、業界にもよりますが全商品の30~50%くらいは、少なからず価格を上乗せできると思います。

その可能性を放棄するのは本当にもったいないことです。値上げはそんなに難しいことではなく、思っているほど面倒なことでもありません。

安易に利益を取り逃がしてしまうのを防ぐために、製品ごと、取引先ごとに案件を出し、一つひとつ精査することがとにかく大事なのです。

取引先ごとの利益率も確認

もちろん、全ての仕事の利益率を一律で高めることはできないでしょう。

建設業の場合、入札で獲得する仕事はどうしても利益率が低くなります。

製造業の場合、ロットが大きい仕事は利益率が下がりやすくなります。

では、小さな仕事はどうでしょうか。

粗利1億円の仕事を1億1000万円にすることは難しいかもしれませんが、100万円の仕事を110万円にすることならできるかもしれません。

金額的な効果は小さくなりますが、チリも積もれば山になります。

その細かい作業をするかどうかも粗利を増やすために重要なポイントです。

私が携わった例でいうと、いわゆるパレートの法則のようなもので、全商品のうちの2割が粗利の8割を稼いでいるような会社があります。8割までいかなくても、粗利の半分を稼いでいるケースも珍しくありません。

その2割を少しだけ高く売るようにしたことで、会社全体としての粗利の総額も大きく増えました。

粗利を軸として全ての仕事を並べてみると、これまで「少額の仕事」と軽視していた仕事が、実は利益率が高く、良い仕事なのだと気づくかもしれません。逆に、重要な取引先と位置付けていた大口の仕事が、実は利益率が低く、現場を疲弊させる原因になっていると気づくこともあります。

売上重視で考えると、どうしても金額の規模で仕事を比べてしまいます。安く引き受けてしまうのも「この仕事は金額が大きい」という売上重視の考えが根底にあるからです。

しかし、重要なのは粗利であり、利益率を高めることです。その視点で仕事を整理してみれば、自分たちにとって良い仕事がどんなものか、良い取引先がどこなのかといった判断基準も変わるのではないでしょうか。

場合によっては、利益率が低い仕事を断り、高い仕事を増やすといった戦略に切り替える必要もあるかもしれません。つまり顧客リストの新陳代謝です。

粗利を増やすためには、そのような視点で取引先を見ることが大事ですし、利益率を考えなければ経営も上向かないでしょう。

その結果、取引先のリストが大きく入れ替わることもあります。

これはいい変化だと言えます。というのは、利益率が良い仕事をたくさん引き受ける状態に変わることと言えるからです。

利益率が低い取引先は付き合い方を変える

経営を改善するためには、利益率が高い仕事をできるだけ増やすことが大事です。

それは言い換えれば、利益率が低い仕事を減らすこととも言えます。

そこで問題になるのが、仕事を減らすという点に心理的なハードルが生まれてしまうことです。これが意外に多いかもしれません。

「利益率が低いのだが、長く付き合っている会社の仕事は簡単には断れない」

そう考える社長も多いことでしょう。

しかし、そこで踏みとどまってしまうと経営改善は進まなくなります。

利益にならない仕事によって現場の負担が大きくなります。

付き合いが長くなるほど馴れ合いが生まれ、細かい注文が増えます。

そういったデメリットを考えた上で、これからも付き合うかどうかを考えることが大事です。

粗利優先で考えるのであれば、おそらくそういう取引先とは距離を置いたほうが将来的には会社にとってプラスになるでしょう。

縁や恩があって簡単に離れられないのであれば、少なくとも値上げを検討したほうがよいと思います。

仮に現状の利益率が10％なら、15％になる価格で再契約できるかもしれません。本気で経営改善を目指すなら、そのような提案をしていかなければならないと思います。

その結果、契約がなくなる可能性もあります。

しかし、それは仕方がないことだと私は思います。

安請け合いの仕事で現場が疲弊するなら、いっそ切られたほうがよいことも多いのです。

また、社長は得意先から切られることを過度に怯えますが、付き合いが長い会社ほど実際にはなかなか切らないものです。

取引先としても業務の流れなどが分かっている会社に頼みたいと思いますし、過去の付き合いの中で営業担当者が培ってきた信頼や、提供してきた商品などから生まれる信用や安心感などがあるはずだからです。

そう考えれば、値上げと聞いて安易に切ってくる取引先は、そもそも安さに魅力を感じていただけなのかもしれません。

また、安さのみ追求するような取引先は、おそらく同業他社からも良く思われていないはずです。

嫌われる会社は潰れる可能性も大きいでしょうから、無理して付き合いを続けると、とばっちりを受けたり共倒れになるリスクもあります。

そのような可能性も踏まえて、安さのみを追求する取引先とは付き合い方を見直す必要があります。

粗利を見ることや、利益率を設定することは、そのような会社を見極めるガイドラインとなり、予防線を張ることにもなるのです。

優良な取引先とつながりを深める

逆に、利益率が良い会社とは、今まで以上に付き合いを深めることが重要です。

粗利獲得の方法としては新規の取引先を増やすことも大事ですが、当然、競合他社も同じことを考えますので、決して簡単ではありません。

それよりも、すでに付き合いがある良い取引先と、付き合いを深めるほうが圧倒的に効率が良く、粗利獲得にもつながりやすいのです。

ちなみに、マーケティングの世界には、1：5という法則があります。

これは、新規顧客の獲得に掛かるコストが、既存客へのリピート販売に掛かるコストの5倍掛かるという法則のことです。

このことからも分かるように、すでに付き合いがあるというのは重要なポイントで、取引先一つひとつを細かく検証することが会社にとって貴重な取引先を発見することにもつながるのです。

付き合いを深める方法は、愚直に信頼と信用を獲得するしかないでしょう。

売上優先で経営している会社によく見られるのが「ここは少額の取引先だから」といった理由で適当な対応をしてしまうことです。

「大口優先」「余った時間で対応すればいい」

そんな風に考えている社長もいます。

仮にそういう意識があるのだとしたら、そこを改めることが第一歩です。

時間厳守、約束を守る、丁寧に対応する、報連相を怠らないといったことも、いま一度確認し、徹底すると良いかもしれません。

もちろん、会議にて仕事を増やそうなどと議論する際の基準は、売上ではなく粗利のみに着目することが大事です。

最新の数字を見なければ意味がない

粗利確認の会議でもう一つ重要なのは、現状の獲得済みの金額と、今後の獲得が見込める金額を見て議論しなければならないということです。

例えば、半期が終わったタイミングなら、その時点での粗利獲得額を見ます。その上で、残りの半期でどうやって必要粗利額を稼ぐか考えるのです。

しかし、実際の経営会議などで最新の数字を見るケースは珍しく、ほとんどの会社が2ヵ月くらい前の業績である「売上計上済みの実績値」のみを見て話し合っています。

それでは会議をする意味がないのです。

なぜ2ヵ月前のデータになるかというと、一般的な会社では、試算表レベルで正確な業績をまとめるまでにどうしてもそれくらいの時間が掛かるからです。

決算であれば、3月末に締めた数字が5月後半に出てきます。

月次データも同じで、4月の業績は一般的には6月くらいに確定します。

私の支援先の会社でも、当初は現時点までの「売上額」すら答えられる社長はほとんどいませんでした。

「半期が終わりました。現状、受注済みの売上高はいくらですか」

「分かりません」

「いつ分かりますか」

「2ヵ月後に経理から上がってきます」

そういうやり取りが当たり前でした。

売上会議という名目で会議をしていながら、きちんとした売上高を把握できていなかったのです。

売上高がその状態なのですから、粗利など分かるはずもありません。

また、経理や税理の業務としてはそれくらいのタイムラグがあったとしても、粗利の進捗状況を正しく把握するのであれば、過去データではなく、現状としていくら粗利を確保できているのか見なければなりません。

この点は野球にたとえると分かりやすいでしょう。

例えば、9回でランナーが出た場合、4点差で負けているとしたら、おそらく送りバントはせず、ヒットエンドランのサインを出します。それくらい強気で責めなければ4点差はひっくり返せないからです。

逆に、1点差なら送りバントでしょう。

的確な指示を出すためには、現状を把握しなければなりません。

経営も同じで、決算間近で粗利が1000万円足りない状況と、5000万円足りない状況とでは打つ手が変わります。

だからこそ、その時点での数字が重要になるのです。

2ヵ月前のデータで議論するのは、いわば6回の時のスコアを見て9回の攻め方を決めるようなものです。

3月に締めた決算の数字を5月になってから見るのは、ゲームセットになってから「ああ、負けだったか」と確認するのと同じです。

そういう状況で粗利獲得の戦略を立てるのは至難の業だと私は思うのですが、現実には、過去データを見て、ああでもない、こうでもないと議論している会社がたくさんあるのです。

敗因分析より勝つための分析が大事

会議が退屈な場になる原因も、過去データを見て議論することと関係しています。

例えば、3月に締めた決算の数字を5月になってから見るとしましょう。

社長はその時になって赤字だったと確認します。

すると、議論の内容も赤字だったという点に集中しやすくなり「なぜ赤字だったのか」「予算未達だった原因はなんだ」という話し合いに向かって行きます。

「なぜだ」「何やっていたんだ」と叱られる社員は、「すみません」としか言えないでしょう。

7回にホームランを打たれた、あの失投はなんだと、試合終了後にぐちぐちと責められるようなものです。

過去の失策を反省することに意味がないとは言いません。

しかし、粗利を確実に獲得するという点から見ると、社長が一方的に叱りつけるような会議はやる意味がないのです。

また、議題が過去のことに終始するほど、社長の説教が長くなります。

「こんなことで来期はどうするんだ」「ボーナスなしでいいのか」といった精神論や脅しのような社長の持論を永遠としゃべることもあります。

つまり、ただ長いだけで、何も決まらない会議になるのです。

それを避けるためにも、データは常に最新の数字を用意する必要があり、議題は期末という未来を向いていることが大事です。

最新のデータがあれば、期末に向けていくら稼げば良いかが正確に把握できます。

期末まで残り3ヵ月でどんな案件を確保できそうか。

確保できる可能性はどれくらいあるか。

そういう前向きな話ができるようになります。

また、建設業や製造業などは納期がずれることがあり、決算をまたぐと来期の粗利になってしまいます。

そのようなリスクも最新のデータを見ることによって抑えることができるでしょう。

期末まで残り3ヵ月の時に粗利1000万円の仕事が来期にずれ込みそうだと分かれば、その場で別の案件を検討し、1000万円を穴埋めする方法を考えることができます。

期末の3ヵ月前は納期がずれ込む可能性があるから、9ヵ月目までに粗利目標の8割まで達成しておこう。そういう計画をあらかじめ立てることもできます。

これが2ヵ月遅れになったらどうなるでしょうか。

期末まで1ヵ月しかなく、取れる案件が少なくなります。

そう考えれば、過去データを見る経営が予算未達になるのは必然と言えます。

過去のデータを使うから、議論が過去のことばかりになり、生産性のない会議になってしまうのです。

具体的な施策を現場に考えてもらう

私の支援先でも、必ず最新のデータを用意して、足元の粗利獲得状況を確認し、期末に向けた施策を練ります。

「決算の3ヵ月前までに粗利目標の8割くらいまで持っていこう」

「そのために、この1ヵ月で1000万円の粗利を確保しよう」

そのような方向性を示し、粗利獲得につながる案件を検討します。

ただ、私は会社全体としての必要粗利を管理するのが主な役目で、粗利獲得につながる案件候補を準備するのは社員の人たちです。具体的な施策も基本的には彼らに中心となって考えてもらいます。

なぜなら、営業や製造現場で働いている人たちの方が、当然のことながら案件や取引先の情報などについて詳しく、各業界の専門知識も持っているからです。

そのような割り振りにすることで、彼らは自分たちに何ができるかを考えるようになります。

「考えてください」と指示することで、例えば、営業責任者は「この案件とあの案件を足すと400万円になる」といった案を出してくれます。

現場の責任者も、「この仕事のコストは抑えられるので、そこで100万円は上乗せできる」といった方法を考えてくれるものなのです。

その際のちょっとした工夫としては「頑張れば達成可能だ」と感じやすくなるように、目標額などを細かく割るのも良い方法だと思います。

例えば、今期は粗利1億円を目指そうと伝えても、金額の規模が大きいため、営業も工場もおそらくピンとこないと思います。大き過ぎる目標は手が届かないように感じ、取り組む前から諦めてしまいやすいのです。

しかし、営業マンが5人なら、1人2000万円ずつです。そう伝えると、それならできそうだと感じやすくなります。

また、通期目標は年単位で立てますので、半年、四半期、月単位で見るとさらに目標額は小さくなります。

「2000万円ならいけるかもしれない」

「半年で1000万円なら、あの仕事とこの仕事で達成できるかもしれない」

最終的な目標額は同じでも、言い方、見せ方、伝え方を変えることにより、目標が身近に感じられます。

結果、達成できるという意識が高まり、自分に何ができるか考えたり、何ができるか気付いてくれるようになるものなのです。

粗利確認の会議で私が担っているのは、一言で言えば、そういった交通整理の役目です。そのため、必ずしもコンサルタントが必要というわけではありません。多少のコツと経験はいるでしょうが、社長が整理役をすることも十分可能だと思いますし、それこそが本来あるべき姿なのだと思います。

経営は、本来は会社の人が自力で切り盛りしていくものです。

8回で4点負けていると認識させること。

5点取らなければならないと理解させること。

まずは塁に出る、出塁したら盗塁やヒットエンドランで攻めるといった施策を現場の人たちに考えさせること。

そういう会議が理想的な粗利確認の会議だと思います。

進捗状況を把握する資料が不可欠

さて、そのような会議を目指すにしても、まずは現状の粗利状況が分からなければどうにもなりません。

会議がうまくいかないのはデータがないからであり、現状が分かる資料があれば会議は前向きに進むといってもいいでしょう。

では、どうやって資料を作ればよいのでしょうか。

私が支援している会社では、獲得できた仕事を順次入力していくフォーマットを使い、それを全社共通の資料としています。

フォーマットというと大袈裟かもしれません。

要するに、受注した時に、その仕事で得られる粗利の見込み額や利益率を入力するエクセルのシートです。

例えば、A社から粗利100万円の仕事を引き受けたら、営業担当者などがシートにA

社、100万円と入力します。会社によっては経理担当者が入力する場合もありますし、粗利管理の責任者を指名し、その人が担当するようにしてもよいでしょう。

その後、B社から粗利300万円の仕事を受注したら、同様にB社、300万円と入力します。

この入力作業を継続していき、シートの下段に粗利の合計金額が表示されるようにしておきます。

たったそれだけのことで、現状の粗利獲得状況が把握できるわけです。

その他の入力項目は業種によって異なり、例えば、小売なら仕入れ額、製造や建設なら材料費や外注費などを入力するようにアレンジしますが、ポイントは、現時点での粗利の合計が分かるという点です。

その金額を踏まえて、期末までに必要粗利額をどう稼ぐか議論するのです。

シートの中身は非常にシンプルです。

入力作業もほとんど手間が掛かりません。しかし、このような進捗管理をしていない会社はたくさんあります。

実はこれが粗利確認の会議に不可欠な下準備で、このようなデータがないことが、会議が形骸化する原因にもなっています。

入力するデータの数は、各会社が受注する仕事の数によって変わりますが、中小企業であればせいぜい年間300件くらいだろうと思います。

300件と聞くと「多い」「大変」「面倒くさい」と感じるかもしれませんが、1日に換算すれば約1件です。しかも、入力する時間は数分も掛かりません。

突き詰めて言えば「面倒」と思うか「やってみようか」と思うかの差なのだと思います。データがあれば、会議は生産性の高い議論の場となります。粗利も獲得しやすくなりますし、着実に経営改善の効果が生まれることは私が関わってきた会社で実証済みです。

繰り返しになりますが、シートを作るのも入力するのも簡単なことですから、やってみる価値は十分にあると思います。

シートの作成・入力方法などについては次章で詳しく説明します。

［第4章］

徹底した粗利管理を行うための会議資料作成のコツ

会議で使う全社共通の資料を作る

粗利を正確に管理するには、そのための資料が必要です。

具体的には、現状の粗利がいくらか把握できる資料のことで、それさえあれば、会社として目指す必要粗利額までいくら足りないか分かりますし、期末に向けた施策も立てやすくなります。

本章では、その資料作りについて説明しましょう。

とはいえ、それほど複雑なものではありません。

まずは、前章でも少し触れたとおり、受注した仕事と粗利額を入力し、その時点での粗利の合計額が分かる「利益進捗管理表」を作ります。

この表が、粗利だけを見る経営の肝となる資料です。

粗利確認の会議でもこの資料を見ながら議論しますし、経営、営業、生産現場それぞれの活動もこの資料を踏まえて実施していきます。

例えば、経営は、経営幹部が集まる会議にて、粗利の進捗状況を確認し、不足分をどうやって補うかを決めます。

営業会議では、期末に向けて獲得できそうな仕事と粗利額・粗利率を整理し、生産現場の会議では、これまでに獲得した仕事の進行状況を確認するとともに、予定している利益率のとおりに商品・サービスなどを納品できるようにするというのが大まかな流れです。

厳密にいうと、営業会議で使う資料として、もう一枚シートを作る必要があります。

その内容は、これから獲得できそうな仕事をリスト化したもので、利益進捗管理表の補助シートのようなものといってよいでしょう。

また、支店や拠点が複数ある会社や、複数の事業部がある会社などでは、各支店や部門の利益獲得状況を管理しつつ、会社全体としての進捗も管理する必要があります。

そのために、獲得している粗利の総額が分かるまとめのシートを別に作ると良いと思います。

業種、業界、会社の規模、事業内容などによってそのような多少のアレンジは必要になりますが、いずれのシートも作り方は簡単で、エクセルがあれば十分にできます。

シートそのものも1日で作れますので、今日から使い始めることも可能です。

では、さっそく1枚目のシートである利益進捗管理表について見ていきましょう。

基本のシートを作る

利益進捗管理表は、受注した仕事の情報と、その仕事の粗利額を淡々と記入していくシートです。

また、獲得した粗利額の合計をエクセルの自動計算機能で表示させるようにしておきます。

会社が引き受けている仕事は規模も金額もさまざまです。

50万円で受注して20万円の粗利が出る仕事があれば、1000万円で売って100万円の粗利が出る仕事もあります。

そういった仕事を全て入力していくと、その時々の粗利の獲得額が分かります。入力するだけで現状の粗利額が簡単に把握でき、常にアップデートできるわけです。

利益進捗管理表の基本形として、次のような項目を入力できるようにしましょう。

シートの下段には、各項目の合計や平均が分かるように、自動計算で表示されるボック

（横軸〈列〉の項目）
【受注した仕事の情報を管理するブロック】
通し番号：受注した仕事を管理するための番号
受注日：受注した日
発注先：納品先、取引先の社名
担当者名：営業担当者、現場の責任者の名前

【粗利額・粗利率を管理するブロック／予算】
受注金額（当初）：売上高
原価の総額（当初）：生産や納品に掛かる費用。材料費、外注費、諸経費など
粗利額（当初）：売上高（当初）－原価の総額（当初）
粗利率（当初）：粗利額（当初）÷受注金額（当初）

（下段の項目／自動計算機能で各列の合計を表示）
実績：各列（受注金額、原価の総額、粗利額、粗利率）の合計または平均を表示
目標：今期の目標粗利額を記入
進捗：実績÷目標

スを作っておきます。

目標とする必要粗利額が決まっている場合は、現時点での獲得状況を把握しやすくするために、目標額や、目標額と現状との差異などを表示するボックスを作っておくのもよいでしょう。

利益率はガイドラインとして活用

表には売上高の項目はありますが、会議では売上高について議論することはほとんどありません。ただ、売上高（受注金額）は利益額や利益率を計算する際に必要になります。また、金融機関の担当者などからも売上高の報告を求められることが多いため、粗利がポイントとはいえ外すことはしません。

いずれにしても、会議で議論するのは、粗利額と粗利率の2つです。

また、よりシンプルに考えるのであれば、利益率も見なくてよいかもしれません。表に利益率を入れているのは、一つひとつの仕事の効率を見るためのガイドラインになるからです。

利益率が高いということは、効率よく稼げるということであり、生産性が高いということでもあります。

そのため、利益率を把握できるようにすることが、非効率な仕事を断ったり、効率が良い仕事を増やすといった戦略を立てる上で大切になります。

また、利益率のようなガイドラインがないと、薄利の仕事をたくさん引き受けてしまう可能性も大きくなります。すると、現場が疲弊し、その割に利益が伸びないという悪循環につながるため、それを防ぐために表内に入れておくという意味もあります。

言い方を換えると、利益率は、粗利を見る経営を効率化する上での補助的なもので、利益率を高めることが本来の狙いではないということです。

重要なのは粗利の額ですので、必要粗利額を稼ぐという点から軸足がぶれないようにすることが大事です。

入力項目のアレンジ方法

基本形ができれば、あとは日々、受注した仕事の情報を打ち込んでいくだけです。

下段の項目にある実績を見れば、現時点でどれくらいの粗利が獲得できているか分かりますし、進捗の数字を見ることにより、目標に対してどれくらい近づいているかも把握できます。

業種や業界によっては、仕事の内容などを把握しやすくするため、項目をアレンジしてもよいでしょう。

例えば、建設会社であれば、現場名、工期の予定（着工日、竣工日）、工事の進捗状況（未着、着工、竣工）などを足してもよいでしょう
原価をさらに正確に把握する方法として、「原価の総額」の項目を、材料費、外注費、自社労務費、リース料などに分けることもできます。

会社によって把握しておきたい情報は異なるでしょうから、この基本形をベースにしながら使いやすく工夫してみるとよいと思います。

ただ、その際の注意点として、あまり入力項目を増やし過ぎないことが大事です。どんな作業にも共通して言えることですが、複雑なことは面倒に感じやすく、面倒なことは続きません。

粗利の進捗管理は日々続けていくことですので、入力する情報を絞り、負担なくできるようにすることが大事です。

そもそも粗利だけを見る経営は、利益につながらない社員の仕事を減らすことが目的の一つですから、シートの入力作業が時間や労力の負担になってしまっては本末転倒でしょ

う。現状の粗利を把握することに焦点を絞って、使いやすく、続けやすい仕組みにアレンジするようにしましょう。

正確さよりも最新の情報であることが大事

卸売業や小売業では、在庫処分などを行うことによって販売価格が変わり、最終的な粗利率が変わることがあります。

例えば、A社に1000万円で売れると考えていても、最終的な金額が確定するのは少し先の話になり、1100万円になるかもしれませんし、900万円になるかもしれません。

また、建設業や製造業では、受注した段階と竣工・納品したときとで原価が変わることもあります。

1000万円の仕事を受注し、その時点では原価が800万円くらいになると見積もったとしても、材料費などの変動によって850万円掛かったり、見込みより安く収まったりすることがあるわけです。

そう考えると、シート内の【予算】のブロックに入力する金額は正確な数字とは言えません。

入力するのはその時点での見込み額ですので、最終的な金額との差異によって粗利の金額も変わります。

ただ、粗利の進捗管理では、その程度の正確さでよいと思います。

なぜなら、利益進捗管理表は緻密に正確な粗利を知るためのものではなく、最新の粗利の獲得状況を大まかに把握することが目的ですので、会議の資料として使う分には、見込み額の計算でも十分なのです。

期末が近づき、目標としている必要粗利額が達成できるかどうか微妙になったときは、差異を明確にして計算し直す作業が必要になることがあります。

ただ、それよりもまず見込みでよいので、現状に近い状態を知ることが大事です。

見込みの金額でも現状が分かれば期末に向けた施策が立てられます。

逆に言うと、正確さにこだわったり、正確な金額が出るのを待ってしまうから、あといくら稼げばよいかが分からず、粗利獲得の施策も後手になってしまうのです。

実際、期中に「今の粗利はいくらか」と聞いても、ほとんどの人は答えられないでしょう。

仮に答えられたとしても、「2ヵ月前は4000万円だった」「去年よりは売れている気がする」など、数ヵ月遅れの答えか、感覚的な答えしか出ないと思います。

それはたとえるなら、何点差か分からず、勝っているか負けているかも分からない状況で試合に出ているような状態です。

試合の状況が分からなければ的確な指示も出せません。

そもそも、現時点で何点負けているか分からない状態で作戦会議をすることがナンセンスだと私は思います。

その状態から抜け出すには、見込みでもよいので現状の粗利額を知るデータが必要です。

そのために利益進捗管理表を日々更新していくことが重要になるのです。

現場の未確定情報も吸い上げられる

経営側の視点で見ると、利益進捗管理表を作ることは、営業や生産現場の現状を把握することにもつながります。

社長や役員などの多くは、試算表などで2ヵ月後に出てくる数字のみを見ています。4月から6月までの結果がまとまるのを8月まで待ち、その数字をもとに9月からの施策を考えます。9月からの施策の結果を見るのは12月くらいになり、もっと遅くなることもあります。

一方、営業や生産の現場はリアルタイムで仕事が動き、担当者レベルで直近の情報が動いています。

例えば、粗利が大きい仕事を担当している営業スタッフなら、現時点ではまだ正式な契約書を作っていないものの、ほぼ間違いなく取れると考えていたり、その結果として2000万円の粗利が取れると計算しているかもしれません。

生産現場のスタッフも、この仕事はコストを落として粗利を増やせそうだなどと考えている場合があります。

つまり、社長などが見る確定情報の中に含まれない情報として、担当者レベルでは「取れる」「稼げる」「儲かる」といった情報が存在しているのです。

利益進捗管理表に仕事の情報を書くことは、そういった水面下の情報を表に出すということです。

仮に期末まであと3ヵ月しかなく、必要粗利額の目標まで2000万円足りなかった場合、社長は焦るでしょうし、なんとか大きい仕事を獲得しようと考えます。

その結果、薄利であることを承知で「たくさん売ろう」「なんでもいいから仕事を取ってこい」といった売上ありきの指示を出すかもしれません。

しかし、営業現場で2000万円の粗利になる仕事が「ほぼ取れる」と確信していたとすれば、実質的には目標達成しています。

それなら無理に売上を増やそうとする必要はありません。

むしろ、その仕事を確実に取るための施策を考えたり、期末までに納品できるように生産現場に指示を出すことの方が重要となり、営業・生産の現場に出す指示内容も大きく変わるのです。

営業が思う「ほぼ取れる」というのも見込みですので、実際にどうなるかは分かりません。しかし、そういった見込みの情報を経営陣がいかに早い時点で吸い上げ、営業や生産現場に的確な指示を出すかが重要です。

そういった現場の感覚を活用するという点でも、利益進捗管理表は一役買っているのです。

結果を入力して誤差を分析

期中の粗利額の管理は、基本的には見込み額を見て進めていきます。

ただ、期末が迫ってきたり、目標額が達成できるか微妙な場合はより正確な数字を把握する必要性が高まります。

そのような時は、シートの右側にもう一つブロックを追加し、予算と実際の金額の差異を正しく把握するとよいでしょう。

追加するブロックの内容は、前述した【粗利額・粗利率を管理するブロック／予算】とほぼ同じです。

ただし、追加するブロックには予算ではなく実際の金額を記入します。

各ブロックを入力するのは、営業や生産現場の担当者でもよいですし、請求書などを管

（横軸〈列〉の項目）
【粗利額・粗利率を管理するブロック／最終】
受注金額（最終）：売上高。実際の販売価格
原価の総額（最終）：実際に掛かった費用。材料費、外注費、諸経費など
粗利額（最終）：売上高（最終）－原価の総額（最終）
粗利率（最終）：粗利額（最終）÷受注金額（最終）

下段の項目についても【予算】のブロックと同様に、合計や平均を表示するボックスを作っておきましょう。

（下段の項目／自動計算機能で各列の合計を表示）
実績（最終）：各列（受注金額、原価の総額、粗利額、粗利率）の合計または平均を表示
目標：今期の目標粗利額を記入（予算のブロックの金額と同じ）
進捗（最終）：実績÷目標

理する経理の人が担ってもよいかもしれません。

見込み額となる予算は営業が把握していますので、左側のブロックは営業が担当します。実際の金額を把握できるのは生産現場の人ですから、右側のブロックは生産現場の担当者が記入するといった分担にしてもよいかもしれません。

最初の予算と最終の数字との差異を明らかにする

予算と最終のデータを両方記入できるようにすると、予算の立て方に問題がある仕事も認識しやすくなるでしょう。

例えば、受注時点で粗利１００万円と見込んだ仕事が、最終的に50万円になった場合、50万円減った原因を探る必要があります。

単に受注額そのものが減っただけなのか、それとも営業の読みがあまりにも違っていたのか、現場でミスやロスがあったのかなどを、必ず真因に至るまで確認しなければならないということです。

ここが予算管理の精度を高める重要なポイントなのですが、多くの会社は軽く分析するだけにとどまってしまい「次は気をつけよう」と実に簡単に終わらせます。なかには、真因の追究すらしない会社もあります。それが次の仕事に影響します。つまり、同じ過ちや失敗を引き起こすわけです。

それを防ぐために、営業部門は受注時の予算の組み方や金額決定の方法などをいま一度確認してみる必要があると思います。

原価を管理している現場も、原価の設定の仕方や進行中の原価管理の方法を確認する必要があるでしょうし、場合によっては原価に対する意識の持ち方から確認する必要があるかもしれません。

現実的な話として、予算どおりにぴったり収まる仕事は少ないと思います。しかし、差異が大きい仕事が増えるほど粗利の進捗管理も精度が低くなります。

そのため、受注金額や原価の変動が大きくなりやすい業種の場合は、最終の金額を記入するブロックを作る方がよいと思います。

また、差異が大きい仕事を認識しやすくするために、シートの中に粗利額の差異を表示する列を作っておくのも良い方法だと思います。

逆に言えば、差異が大きくなった原因をしっかり分析し、対策をしていけば、予算作成や原価計算のズレが小さくなり、結果として粗利の見込み額も正確になり、期末に向けた施策の精度も高くなっていくはずです。

さらに根本的な対策として、予算と最終のデータを見比べられるようにしておくことが、赤字になる仕事や薄利の仕事を取ってくるのを防ぐことにもつながると思います。

赤字や薄利の仕事が増える原因の一つとしては、営業をする人にとって、仕事を断ったり、値上げするのが難しいと感じてしまっているということも挙げられます。

だから、つい相手の言い値で仕事を引き受けてしまいます。

しかし、利益進捗管理表で管理すれば、入力した時点で利益率などが明確になります。

外注費が高い、採算が合わないといったことが分かれば、赤字や薄利の仕事を取ってくる段階でブレーキを掛けることができるわけです。

また、売上至上主義に取り憑かれている会社の場合、目先の仕事を取るために見込める利益額などを多く想定する営業マンがいるかもしれません。

原価が１００万円掛かりそうな仕事を80万円と想定して取ってきたり、赤字リスクがある仕事を黒字になるように計算して受注するようなケースです。

営業マンが、そのような仕事を受注してしまったとしても、見込みと実績はあとから見比べることができます。その時に差が出た理由を聞くことができますし、同じミスの再発も防ぎやすくなるのです。

これから取れそうな案件を整理する

私が支援している会社では、原則として「ほぼ取れる」と判断できる仕事も利益進捗管理表に入力するようにしています。

つまり、契約を交わし、正式に受注した仕事だけでなく、営業マンが取れる可能性が高いと感じた案件に対しては、受注したものとして分類するということです。

例えば、毎年同じ時期にほぼ確実に受注できる取引先がある場合、金額が毎年ほぼ変わらない場合などは、取れる仕事に入れてしまいます。

また、前述のとおり、営業現場には彼らの直感や経験に基づく「取れそう」「難しい」といった判断基準がありますので、その感覚に従い、彼らがほぼ取れると判断したものも粗利に入れ込みます。

そうすることによって、現状として確保できている粗利額はより実態に近い数字になります。

結果、目標とする必要粗利額に不足している金額も現実に近い数字になり、目標達成に向けた施策の精度も高くなるのです。

しかし、「ほぼ確実」と思っていた仕事が受注できない可能性もあります。

その場合、現状の粗利の金額も変わりますし、目標に向けた施策も変わるでしょう。

そこで重要になるのが「ほぼ確実」がどの程度確実なのかを見極めることです。

その際に使うのが、2枚目のシートである補助シートです。

このシートには、これから獲得できそうな仕事を書き出し、取れる確率に応じて分類します。

私が使用しているシートでは、取れそうな確率に応じて3段階でグループ分けしています。

もっとも取れる確率が高いのはAランクと呼んでいるグループで、かなりの高確率で受注できる仕事を入力します。

イメージとしては、90％以上の確率で取れる仕事です。

ここに入る仕事は「ほぼ取れる」わけですから、利益進捗管理表の「実績」にも含めます。

2つ目のグループは、取れる確率がもう少し低いもので、これらはBランクとして補助シートに入力します。

イメージとしては、Aランクほど高確率ではないものの、50～70％くらいの確率で取れると判断できる仕事です。

3つ目のグループはCランクで、ここには取れる確率が50％未満の仕事を入力します。

打診されただけの案件や、これから狙おうと予定している仕事などもここに入力してお

（横軸〈列〉の項目）
【受注の可能性がある仕事の情報】
通し番号：受注候補の仕事として管理するための番号
発注先：納品先、取引先の社名
見積金額：受注した時に見込める受注金額
粗利益：受注した時に見込める粗利益の額
粗利率：粗利益÷見積金額
最新状況：営業中、見積提出済み、相談中、交渉中など
担当者名：営業担当者、現場の責任者の名前

また、各ランクの下段には、粗利額の合計と粗利率が分かるボックスを作っておきましょう。

（下段の項目／ランクごとに自動計算機能で合計を表示）
見積金額（計）：各ランクの見積金額の合計
粗利益（計）：各ランクの粗利額の金額の合計
利益率（計）：粗利益（計）÷見積金額（計）

シートのアレンジ方法としては、必要に応じて、取引先の所在地や、担当者の名前、取引先の近況などの項目を増やしたり、建設業などで工期が分かっている場合、製造業で納期が決まっている場合などは、その日付を入力する項目を作っておくこともできます。

くとよいでしょう。

A、B、Cのランク分けは、営業担当者の感覚で判断してよいと思います。「この取引先は受注できるだろう」「ここは微妙だな」といった現場に出ている人の経験で仕分けするということです。

補助シートに入力する仕事は、A、B、Cランクに分類した上で、次のような項目で整理しておくとよいでしょう。

取引先候補を見て戦略を練る

補助シートを作ると、現在どれくら

いの仕事があるのかが一目で把握できるようになります。

これも現状を知るという点で重要なポイントと言えるでしょう。

Aランクの仕事で得られる粗利（見込み額）はあらかじめ利益進捗管理表の粗利に含めますが、正式に受注した場合は補助シートから消します。

また、新たに受注確率が高い仕事が見つかった場合は、その時点でAランクに追加します。

補助シートも、利益進捗管理表と同様に、進捗がある度に入力し、更新することが大事です。

補助シートは、取引先候補の整理手段として営業部内で共有するほか、期末に向けた不足分を補うために経営幹部の会議でも資料として使います。

そのため、しっかりと候補を羅列し、入力漏れ、遅れなどがないようにすることが重要です。

BランクとCランクは、現状としては粗利につながる可能性が低いわけですが、期末が近づき、目標とする必要粗利額が不足する場合は、この2つのグループから、何とか受注につなげるための施策を練ることになります。

そのため、Aランクの仕事と同じように、細かな案件もきちんと入力するようにします。Bランク、Cランクを探しても必要粗利額に足りない場合は、新たに仕事を探し、リスト内の候補を増やす必要があります。

利益進捗管理表の粗利状況を、より厳密に管理したい場合は、正式に受注した仕事とAランクの仕事を分けて入力するようにしておくのもよいかもしれません。

この2つを分けることで、現時点で確定している粗利額がより正確に把握できます。

また、Aランクの仕事は「ほぼ確実」な状態を「確実」な状態（受注済みの状態）にする必要がありますので、Aランクのボックスにいくら粗利が残っているか見えやすくすることで、取ったつもりになって忘れたりするリスクが抑えられます。

また、可能性はそれほど大きくないでしょうが、受注に至らなかったり、工期や納期などがずれて受注が来期以降にずれ込んだりした場合は、その原因を探る必要があります。

原因の一例としては、取れる確率が低い仕事をAランクに分類していたり、納期の読みが外れていたことなどが考えられるでしょう。

その際にも、受注した仕事とAランクの仕事を分けて管理しておくと原因が分析しやすくなると思います。

定例会議で粗利の獲得状況を確認

シートができたら、あとは日々着々と入力していくだけです。

利益進捗管理表は期初に入力をスタートし、期末まで使います。前期に次期分の受注がある場合は、前期が終わり、シートを切り替える時点で入力しておきましょう。

毎月の粗利確認の会議でもこのシートの金額を踏まえた上で期末に向けた粗利獲得の施策を考えます。

4月から始まり3月で決算する会社だとすれば、4月になる前に、すでに受注が確定している仕事やほぼ取れそうな仕事を入力しておきます。

この時点で残り12ヵ月でいくら粗利を稼げばよいかが分かります。

また、ほぼ取れそうな仕事は補助シートのAランクの欄に記入しますので、利益進捗管理表と並行して補助シートも更新していきます。

第一四半期、半期と過ぎていくにつれて、当然、獲得できた粗利の額は増えていくでしょう。

毎月の会議では、その進捗状況を踏まえながら、通期の目標に対してどこまで来ているのかを確認します。

最新の数字を入力し、目標額との差を見るだけですから、非常にシンプルな方法ですし、すぐに実行できると思います。

進捗状況が分かれば、期末に向けた粗利獲得の施策もより具体的になっていくでしょう。半期が終わった時点で目標の7割くらい稼げているなら、そのペースで進めていけばおそらく目標達成できます。ほぼ取れそうな仕事をしっかり受注まで持っていくことに注力することが大事です。

一方、3割程度しか稼げていなければ、補助シートのB、Cランクを確認しながら、粗利につながる仕事を積極的に獲得していく必要があるでしょう。新たにA、B、Cランクに追加できそうな仕事を探すことにも注力する必要があります。

繰り返しになりますが、会議で重要なのは必要粗利額という目標の達成に向けて、その不足分に対する施策を決めることです。

そのためには、目標に対してあとどれくらい足りないかを把握する必要があり、今いくら稼げていて、これから取れそうな仕事はどれくらいあるかを知る必要があります。

そのためのデータが利益進捗管理表と補助シートです。

この2つが揃ったわけですので、会議の内容も必要粗利額を確保する施策に集中して議論できるようになるはずです。

会社全体の現状を会社全体で共有する

会議資料の作成でもう一つ重要なのは、会社全体として目指している必要粗利の獲得状況を会社全体で共有することです。

私が見る限りですが、会社の規模を問わず、粗利の状況を全社で共有できている会社はほとんどありません。

社長や幹部など経営を担う層はなんとなく数値が把握できていますが、前述のとおり、その数字は2ヵ月前の結果ですし、粗利ではなく売上を見ています。

経営陣がそんな状況ですから、現場で動いている営業や生産のスタッフはさらに把握していません。というより、その機会すらありません。

個人や部・課としての目標なら、多少は分かっているかもしれません。

例えば営業なら自分の売上目標が分かっている人がいますし、1000万円の売上に対してだいたい600万円くらいは売れているといった進捗状況を把握している人もいます。

しかし、それも売上の数値では意味がなく、粗利で見る必要があります。

また、会社全体の目標や進捗状況を把握している人などは、特に中小企業や零細企業などの場合はほとんどいないといえるでしょう。

いくつかの会社で、私は社員の方々に会社の売上規模がどれくらいか知っているかと聞くのですが、返ってくる答えはだいたい見当違いな数字です。

売上10億円規模の会社の社員が、「1億くらいだろう」「100億くらいかもしれない」といった感覚で仕事をしているわけです。

目に見えやすい売上額が把握できていないのですから、粗利に至っては全く分かっていません。

こうなるともはや、目隠しして走っているようなものです。

仮に自分に与えられている目標額が分かっていたとしても、それが会社の目標と結びついていなければ、何のために売っているのだろうという疑問が生まれます。

自分の目標だけ達成すればいいと考えたり、その結果として売上至上主義に陥る可能性も高まるでしょう。

そういう状態から抜け出すためにも、会社が粗利獲得を目指していることを周知し、いくらの粗利を目指しているかを共有することがとにかく大事なのです。

そのための方法として、利益進捗管理表は全社員が見られる状態にしておくのが望ましいと言えます。

資料を目立たせて目に入りやすくする

資料は見やすさが大事ですから、現時点で獲得している粗利額をグラフにするなどして会議室など目につきやすい場所に貼り出すのもよいでしょう。

くどいようですが、グラフに表すのは売上ではなく粗利です。

世の中には、各拠点の売上を棒グラフにしたり、営業マンごとの売上額を貼り出している会社がありますが、それは売上至上主義の象徴のようなもので、経営改善につながりません。重要なのはあくまでも粗利であり、粗利を見る経営を社員に周知する際も、粗利に絞った情報を共有することが重要なのです。

私が支援している会社でも利益進捗管理表をグラフにして貼り出しています。表があれば、目標と現在の粗利獲得額が直感的に分かります。

10点取れれば勝ちだが、現状はまだ5点負けている。

去年はここから3点取れた。ならば、あと2点取ればいける。

そういう認識を共有することができますし、粗利に関する情報が日常的に目に入るようになることで「粗利を稼ぐ」という意識も社内全体に浸透し、定着しやすくなるのです。

余談ですが、このようなグラフを貼り出すとき、私はカラーで目立つようなグラフにします。目に入るようにすることが重要で、そのためには目立つグラフにする必要があると思うからです。

一方、社長の中には、カラーで刷る経費がもったいないと考える人がいます。実際

「もったいないから白黒でいい」と言った社長もいました。

しかし、そうではありません。

そもそもカラーで刷るコストは少額ですし、目先の1円、2円にこだわることによって、粗利を見る経営を会社全体に浸透させるという大きな目的が実現できなくなります。

無駄なコストは省いたほうが良いのですが、経営改善のためのコストや、将来的に大きな利益を生むためのコストは削ってはいけません。

コスト削減主義は、ある意味で売上至上主義と似たようなところがあり、やり方によってはどちらも経営改善にマイナス効果を生んでしまう可能性があるのです。

拠点別に粗利を記入する

拠点が複数ある場合は、会社全体としての粗利獲得状況を見るためのまとめのシートを作るとよいでしょう。

入力する項目は利益進捗管理表と同じで、各拠点で獲得している粗利、原価、利益率などを入力します。

（横軸〈列〉の項目）
【受注した仕事の情報を管理するブロック】
順位：必要粗利達成率の順位
拠点名：各拠点の名称
目標額：各拠点が担う必要粗利の額
過去実績：前期、前々期の獲得粗利額
実績：現状までに獲得した粗利（竣工・納品済みの仕事、受注した仕事、Aランクの仕事の合計）
不足額：目標額－実績
目標達成率：実績÷目標額
前年同時期の実績：前年の実績

シートの下段には、各項目の合計や平均が自動計算機能で表示されるボックスを作ります。

（下段の項目／自動計算機能で各列の合計を表示）
目標額（合計）：会社全体として目指す粗利額
過去実績（合計）：前期、前々期の獲得粗利額の合計
実績（合計）：現状までに獲得した各拠点の粗利の合計
不足額：目標額（合計）－実績（合計）
目標達成率：実績（合計）÷目標額（合計）
前年同時期の実績：各拠点の前年同時期の実績の合計

また、各拠点はそれぞれ目標額を設定しているでしょうから、その額を売上ではなく粗利に置き換え、表の中に入れておきます。

すると、毎月の会議でどの拠点が、どれくらい目標に近づいたかが把握できます。

社長や経営陣は、その表を見ながら進捗状況を確認し、会社全体としての目標達成を目指せばよいわけです。

私が支援先で使っている表では、上記のような項目を一覧できるようにしています。

会社全体を見ながら各拠点の全力を引き出す

拠点ごとに実績が出れば、お互いを意識するようになるでしょうし、競争心も芽生えると思います。

会社全体としての粗利獲得額に目を向けてもらうことで、全員で大きな目標を達成しよう、そのために貢献しようという気持ちにもなりやすくなります。

会議の議題としては、拠点ごとに目標額が違い、現状の達成度合いも異なりますので、それぞれの目標達成状況に応じて具体的な施策を考えることもできるようになります。

例えば、すでに目標を達成している拠点には、期末までにまだ取れそうな粗利を考えてもらいます。

自分たちの目標を達成できるのは素晴らしいことですが、それで終わりではありません。他の拠点では目標未達のところがあり、未達のまま期末を迎えることもありますので、その分のマイナスを稼げている拠点に補ってもらう必要があるのです。

一方、現時点で目標未達の拠点は、期末までにどうやって必要粗利を稼ぐか考えてもらいます。受注済みとAランクを合わせていくらあるか、Bランク、Cランクの中で、獲得できそうな仕事はどれくらいあるかなどを検討しながら、目標達成に向けた道筋をつけます。

なかには、どうやっても目標が達成できそうにない拠点があるかもしれません。期末まであと数ヵ月の時点で、達成率が半分ほどしかない拠点や、半分にも届いていない拠点などです。

重要なのは、そういう拠点にもできる限り目標額に近づける意識を持ってもらうことです。

仮に決算が2ヵ月後で、粗利1000万円の目標に対して500万円しか稼げていなければ、現実的に考えて目標達成は難しいでしょう。

そのような時に、つい500万円しか稼げていないことを責める社長もいます。「あと500万円もってこい」とハッパを掛ける社長もいます。

しかし、それはあまり意味がありません。

達成率が低い理由は聞く必要がありますが、それよりも大事なのは、今のこの時点から、いかにして粗利を獲得するかを考え、現状の５００万円をできるだけ１０００万円に近づけることだからです。

期末までに５００万円は難しくても、３００万円ならもしかしたら稼げるかもしれません。２００万円ならさらに現実的になります。

そのような意識を持ってもらい、最後まで全力を出してもらうように促すのです。

これも会議を行う重要な理由の一つです。

拠点としての目標達成は難しかったとしても、５００万円が６００万円になり、もしかして７００万円になれば、会社全体としての必要粗利額は稼げるかもしれません。

そのために、未達の拠点にもＢランク、Ｃランクのリストを少しでも掘り起こそうという意識を保ち続けてもらうことが大事なのです。

最後まで諦めない

拠点側の視点から見ても、未達になりそうなことは十分に分かっています。

達成か未達かという軸で考えてしまえば、達成の可能性がほぼなくなったときにやる気をなくしてしまうかもしれません。

来期は頑張ろう。

そんな風に考えて、今期の粗利を諦めてしまうこともあります。

たとえるなら、10点差で負けている試合のようなものです。

ヒットが出ていない選手はやる気を失いやすく、打てない、負けると考えるとさらにやる気がなくなります。

しかし、試合はまだ終わりではありません。

「内野安打でもいい」「1点くらい取り返せるかもしれない」と考えるようになれば、それがきっかけになり、1点くらい取り返せるかもしれません。当たっている選手にホームランが出れば、さらに点差が詰まりますし、逆転も可能です。

そういう姿勢で期末まで取り組めるように、各拠点の士気を高めていくのも社長や経営陣の役目だと私は思います。

稼げている拠点にはさらに稼いでもらい、稼げていない拠点にも最善を尽くしてもらいます。

そうすることで、会社全体としての目標を達成できる可能性が非常に高くなります。

また、最後まで全員が粗利を追い続けますので、達成できた時には社員全員で心から喜ぶことができるようになるのです。

［第5章］

たった1時間で社員を「粗利追求体質」に変える会議運営術

誰が、いつまでに、何をするか決める

資料が整ったら、いよいよ会議です。

やることは決まっています。

まず、毎月、その時点での粗利の獲得状況を確認します。その上で、期末までに必要な粗利額を確認し、獲得する施策を考えます。

粗利獲得の方法としては、手持ちの仕事候補（Bランク、Cランク）の中で取れそうな仕事がどれくらいあるか考えます。候補が決まれば、取るための施策を考え、会議の参加者でその善し悪しを検討します。

課題があれば解決策を考え、うまくいきそうになければ代案を考えます。

施策が決まったら、営業、生産、販売など各部門や、各拠点がそれぞれ実行し、その結果を次の定例会議で報告します。

それだけのことですので、資料さえ揃えば会議は着々と進めていけるでしょう。

その際に大事な点を挙げるとすれば、いろいろな本にも書かれてありますが、とにかく

必ず責任者と期限を決めることです。これは絶対です。

なぜなら、誰が、いつまでにやるかという2点があいまいになると、会議をする意味が薄れ、経営改善の効果そのものも半減してしまうからです。

ところが、一般的な会議ではなぜか責任者も期限も決めません。場合によっては解決策すら検討されず、「これは問題だなあ」と管理職や経営者がはぐらかして終わるケースがかなり多いと感じます。

それは、どうすればいいか分からないからやり過ごしているのと同じだと私は思います。

経営者主導の会議で「とにかくやるしかない!」と方法論のない精神論でまとめるのも同じです。やるしかないということは分かっています。どうやってやるかが重要で、それを決めるのが会議なのです。

そのため、会議の最後では、どの部門の誰が、いつまでに、何をするか必ず確認することが必須です。それができないということは、何も決まらなかったということです。厳しいことを言うようですが、そういう会議はやらなくてもいいと私は思います。

また、やるべきこと、責任者、期限が決まったら会議は終了し、取り組んだ結果を次の会議できちんと報告し、共有します。

各部門では、会議で決まったことを実行するとともに、利益進捗管理表も着実に更新し、補助シートである取引先候補のリスト（A、B、Cランクのリスト）も更新します。

利益進捗管理表は最新の粗利獲得状況を把握するために不可欠なもので、補助シートは期末に向けた粗利の見込みを立てるために使います。

そのため、この2枚が揃わなければ会議になりません。

仕事が立て込んだり、忙しい日が続くことがあるかもしれませんが、シートの入力だけは怠らないようにしてください。

私の支援先の会社でも、最初は入力作業が面倒だと感じている人が多々いるのですが、2～3ヵ月もすれば皆慣れてキチンと入力するようになっていきます。

入力するようになる理由としては、業務のルーティンとして慣れるということもあるのですが、それ以上に、目標とする金額との差額が詰まっていくのが手に取るように分かるため、入力が楽しくなってくるのです。

利益進捗管理表を見れば、目標と現状の数字がどれだけ離れているかが一目瞭然です。

前月と比べてどう変化したのかも分かります。

ここに社員のモチベーションを高めるポイントがあります。

あとこれくらい、あと少しといった具合にゴールが見えてくると、達成してやろうという意欲が高まります。野球でたとえるなら、10点差を追いかけていた状態から、あと3点まで追いつくようなものです。この追い上げムードが力になり、目標達成に拍車が掛かるのです。

会議の基本的な流れ

会議の流れとしては、粗利を見る経営の趣旨や重要性などをしっかり理解できている人が進行役を務めるのが良いでしょう。

実際、私の支援先の会社の多くでは私自身が進行役をしているのですが、社内の人においても、意識の高い人、人望のある人であれば、その方がベストだと思います。

再三述べていますが、粗利の進捗を見ることこそが最重要です。それはつまり、売上を一切見ないということでもあります。会議の進行役を務める人に、その意識は欠かせません。

また、進行役としては、営業や生産といった部門の細かいことが分かる担当者よりも、会社全体を状況把握できる人の方がよいと言えます。

というのは、担当者として現場のことが分かるのはよいのですが、そのせいで枝葉末節の話になったり、必要粗利額を稼ぐというもっとも重要なテーマから議論が外れてしまう可能性があるからです。

会議の中では、参加者全員が議論に参加することも重要です。

例えば、営業と生産から部門長が参加するなら、それぞれに最新の粗利と、期末に向けた施策の案を話してもらいます。

拠点のリーダーたちが参加する会議も同様に、それぞれが各拠点の粗利と施策を話します。

粗利確認の会議では、会社全体としてどれくらいの粗利を獲得できているか確認することが重要ですので、そのためには全員の話を聞く必要があります。

今月はこれくらいの粗利になった。

来月に向けてこういう施策を考えている。

この2点を踏まえて、足りないところや、よりよい案を議論するというのが粗利確認の会議の基本的な流れです。

社長はあまりしゃべらないことが大事

全員に発言を求めるという視点から見ると、社長が進行役を務めるのは得策ではないかもしれません。

なぜなら、社長は往々にして自分が伝えたいことばかり話し、参加者の意見などを聞くことができないからです。

私の支援先の会社にも、社長が進行役をやりたいと願い出たため、私がその補佐役を務めているケースがあります。

社長としては会議に積極的に参加し、できるだけ多くの情報を得たいという気持ちがあるのでしょう。

その姿勢そのものは良いと思います。

しかし、しゃべるのです。

会議中や会議後、私は何度も社長に「黙って聞きましょう」「一つの意見に対して返し過ぎです」「そこで話を遮ったら次の意見が出なくなります」などと言うのですが、自己主張の強さはなかなか直りません。どうしても自分の意見を言いたくなり、得意のおしゃべりで社員を論破してしまうのです。

例えば、ある部門長が「今月の粗利はこれくらいです」と報告すると、まず「少ないじゃないか」「例の件はどうなったんだ」と質問攻撃が始まります。気づけば「こうあるべき」「こうしろ」と演説が始まってしまうのです。

先日の会議でも、「先日の製造ミスはなんで起きたんだ」「営業マンが社内に残っているのはなぜだ」といった攻撃が始まってしまいました。

現場には現場の事情があり、担当者もその理由をこれから話そうと考えているはずです。しかし、社長は待てず、自分の考えを主張し始めてしまいます。

「現場でミスがあった」「営業が社内に残っている」などと言われたら、現場責任者は「すみません」としか言えません。

そもそも、社長に対して意見を言うのは勇気がいります。そのせいで発言を遠慮してしまう人もいることでしょう。

それでは議論にならないのです。

この点は、社長が特に強く意識する必要があると思います。

私が見る限りですが、社長は各部門の表面だけを見て発言することが比較的多いように感じます。「現場でミスがあった」「営業が社内に残っている」などはその典型的なパターンといえるでしょう。どのように見えたにせよ、まずは現場の事情を知る必要があります。

そのためには聞く姿勢が大事であり、自分なりの主義や主張はまずは不要なのです。

聞く姿勢を持つと課題が見えてくる

話を聞く力は一種のスキルです。

話し好き、自己中心的といったもともとの性格にも影響を受けるスキルですから、意識して聞くように心掛けない限り、黙って聞けるようにはならないでしょう。

つい自分の話をしてしまうという人は、まずはそこから変えなければなりません。

会議がうまくいかないと感じているなら、人の話を聞いているか、もしかしたら自分が話し過ぎなのではないか、一度疑ってみてください。

書店にもたくさん「聞く」ことの大切さを書いた本が並んでいますが、聞くことの重要性が分からなければ、せっかく資料を揃えても前向きな議論はできないのです。

また、話を聞くのと同じくらい、質問をして聞き出すことも大事です。

これも会議の進行役に求められるスキルで、聞き出す姿勢がない社長もたくさんいると私は感じています。

私が進行役をする会議では、粗利を報告してもらう際に、景気はどうか、競合はどうか、スタッフは疲れていないかといったことを聞くようにしています。

全国展開している会社なら、各拠点から代表として参加している人たちに、その土地土地の、その時点の市況などについても必ず聞きます。

「忙しいです」「大変です」といった答えが返ってきたなら、何が原因で忙しく、どれくらい大変なのかをさらに聞きます。

このようなちょっとしたやり取りがきっかけとなり、現場の情報が把握しやすくなったり、必要な情報を会議の中で共有できるようになることもあります。

例えば、ある会社では、「大変です」という返事を掘り下げた結果、運送用のトラックがそろそろ限界だという話が出てきました。

別の会社では、地域の高校が甲子園出場を果たし、街全体が盛り上がっているという話が出ました。

粗利とは直接的には関係のない情報ですが、トラックなどの設備や地域経済の状況などは経営を考える上で大事なヒントになります。

近々設備を入れ替えるなら、その分を今後の粗利目標に含めなければならないでしょう。

地域の景気が良いなら、値上げによって粗利を増やせるかもしれません。

そういった施策を考えていくためにも、簡単な質問によって情報を聞き出す姿勢が重要なのです。

また、会議の参加者の誰かが言いづらい情報を持っている場合もあります。

粗利が出ていない部門や拠点の責任者が、聞いてほしい事情や言い出しにくい理由を抱えていることがあるかもしれないのです。

そういった情報まで聞き出さなければ、会議は本当の意味でのオープンな議論の場にはならないでしょう。

社長が質問をすると、つい語気が強くなったり、粗利が出ていない場合などに問い詰めるような口調になりがちですが、会議は責任追及の場ではなく、問題点や課題を議論する場です。最善の施策を全員で考える。そのために、あらゆる情報をテーブルの上に出してもらい、共有する。

そういう意識を持って、各部門や拠点で何が起きているかを把握することが重要です。

社長と社員のコミュニケーションが円滑でない

話は少しそれますが、社長が会議の進行役に向かなかったり、話を聞けないことが多いのは、そもそもの問題として社長と社員のコミュニケーションがとれていないからかもしれません。

私が支援している会社は従業員数100人くらいの中小企業が多く、そのなかには従業員数が10人くらいの規模の会社もあるのですが、その規模でも社長と社員の間に壁があるケースはたくさんあります。

社長は、頭のどこかに「自分は社長なんだ」というプライドのようなものがあり、社員と一定の距離を取ろうとします。

社長がそういう姿勢なので、社員もどことなく近づきにくさを感じ、自分から社長と接しようとは思いません。

この壁があるため、会議での会話もよそよそしくなり、日常会話も生まれなくなります。話さない、会わない、お互いを知ろうとしないという悪循環が生まれ、社長は現場のことを知らず、社員は経営のことが分からないという状態に陥ってしまうのです。

例を挙げると、私の支援先の一つに、毎年、社長が社員と個別面談をしている会社があります。

その際、私は社長と同席し、社員たちの一人ひとりから意見を聞きます。

コンサルティングを始める際にも全社員と面談をしますが、その延長のようなもので、時間は一人10分ほどですが、そこで現場の状況や問題点などを聞くようにしているのです。

しかし、この社長が、隙あらば自分の話をします。

社員の意見を聞く機会なのだと何度も念押しするのですが、社員が「現場の機械が」「営業車が」「女子更衣室のロッカーが」などと話し始めた途端、まるで何を言おうとしているか分かっているかのように「ああ、そのことは知っている」「理由はこうだ」「来期は設備投資もできる可能性がある」「そのためにも粗利が必要なのだ」などと延々と演説を始めます。

場合によっては「機械の導入よりも、まずは稼働率を上げることが重要だ」などと説教を始めることもあります。

その都度、私は「最後まで聞きましょう」と社長に言います。

社長も、その時は聞く重要性を思い出すのですが、しばらくするとまた演説をします。

この面談は過去3年ほど続けていますが、いまだに社長の癖は直りません。

おそらく、話を聞くことが大事であることは分かっているのですが、どうしても人の意見や話に対して切り返してしまうのです。このような姿勢を変えない限り、社長と社員のコミュニケーションは永遠に良くはならないのです。

些細なことでも面と向かって話す

別の会社の例として、従業員10人の会社の社長に、利益進捗管理表の入力を徹底するように社員の方に伝えてほしいとお願いしたことがありました。

入力そのものは簡単です。現場数も売上規模もそこまで多くないですし、確認業務を含めても作業は1週間に1回程度です。入力時間も30分以内です。

資料の更新を忘れないようにしてください。

最新の状態を維持させてください。

そのようなことを社長から社員に伝えてもらいました。

数日後、社長にその旨を社員に伝えたかどうか確認したところ、10人全員に伝えたという答えが返ってきました。

ただ、その方法が問題で「全員にメールで伝えた」というのです。しかも一斉送信で送ったと言っていました。

冗談かと思いましたが、社長は完全に真顔です。私が冗談だろうと思った理由も分かっていないようでした。

社員の席は目と鼻の先です。メールを打つ手間を考えたら、口頭で伝えたほうがはるかに楽です。

「みんな、忙しいと思うけど利益進捗管理表の入力を忘れないようにしよう」

そう言えば伝わるのです。

それでもメールを使うのは、社長と社員の間に壁がある証しです。

壁がある状態が当たり前になっているから、何の疑問も持たずにメールで伝えようと考えるのだと思います。

まずはこういう関係性を変えなければなりません。

社員とのコミュニケーションができていない社長は、社員と面と向かって話すことがスタートです。

社員に向けて指示したり、お願いや伝えたいことがある時などは、できる限り口頭で、その意味と趣旨も交えて伝えます。

少人数の会社なら、口頭でのやり取りが基本で、メール連絡はあくまでも確認の手段です。

そのような環境に変えていくために、私が支援している会社では、社長室をなくしたり、デスクのレイアウトを替えて社長と社員を隣同士にするなどして会話するきっかけを作ることがあります。

「そんなことまでするの」と驚かれることもありますが、まともに挨拶もせず、雑談すらできないような関係性では、会議で議論することもできないでしょう。

会社として重要なのは粗利ですが、粗利を生み出すのは社員ですから、会社の中での付き合い方が何より大事です。

良い会議を開き、粗利獲得の可能性を高めていくためには、社長と社員の壁を壊さなければならないのです。

もう一歩踏み込んで話を聞き出す

会話の内容も、上辺だけでなく、できるだけ深く突っ込むのが望ましいでしょう。

「自分は社員たちと会話している」と思っている社長でも、その内容を聞いてみると「調子はどうだ」「大変そうだな」「任せたよ」といった程度で終わっています。

会話しない社長よりはいくらかマシだとは思いますが、壁をなくすためには、もっと質問するなどして社員との距離を自発的に縮めてほしいのです。

社員が大変というなら、どこが大変なのかを聞かなければなりません。

生産現場の社員が大変というなら現場を見にいくのがよいでしょうし、営業が大変というなら一緒に営業に出てもよいと思います。

「暑いから大変だな」「顔色悪くないか」など、相手の気持ちに寄り添った会話ができるのも現場に行くからです。

また、大変さを感じる理由は仕事に関することだけとは限りません。

ある会社で浮かない顔をしている社員に声を掛けたところ、子どもの受験が気になっているのだと教えてくれました。

ほかにも、親の健康が気掛かりだったり、家庭に問題があったり、生活していればいろいろと悩みはあるものです。辛いこともあれば、うれしいこともあります。

そういう話を親身になって聞くことがコミュニケーションなのだと私は思います。

悩みを持つ人に何かできるわけではないとしても、社員としては話を聞いてもらうだけで気分が変わるかもしれません。

そういう会話が自然にできるようになれば、社長と社員の壁は消え、全社一丸となって粗利獲得に取り組めるようにもなるでしょう。

中小企業にはいくつか強みがあり、例えば、大企業などと比べてフットワークが軽いことや方向転換しやすいことなどが挙げられます。

社長と社員の距離が、物理的にも、心理的にも近いことは強みの一つといえるでしょう。その強みを生かすために、コミュニケーションが重要なのです。

社長が部門の会議に出てみるのも有効な方法

社員との距離を縮める方法として、社長自身が生産や営業の部門会議に出てみるのも良いと思います。

この場合も、社長として何かを話すのではなく、現場の意見を聞くという姿勢が大前提です。現場で何が起きているか見聞きすれば、明確に課題を把握できますし、それが粗利獲得のヒントになることもあります。

ところが、多くの社長は各部門や拠点の会議に出るのを嫌がります。

その理由として、「自分が出ない方がみんなが話しやすい」と考える社長が多いのですが、会議が行われている時間に社長が社内にいるのなら、たまにはオブザーバーとして出席してもいいと思います。

なかには、出た方が良いですよと何回言っても、絶対に出席しない社長もいます。会議中はいつも会合や会食に出てしまいます。会議を行っていることも知らず、知っていたとしても全く参加する気がありません。

部長がうまくやってくれればいい。自分は自分で忙しい。そう思っているのです。

しかし、経営不振から抜け出すためには現場の課題を解決しなければなりません。

粗利だけを見る意識を現場にも浸透させる必要があります。

そう考えれば、現場の会議は現場を知る貴重な機会ともいえるでしょう。

部長などを通じて伝言ゲーム的に情報を聞くより、自分の耳で聞くのが正確です。気になることを質問することもできます。

会議に出れば、ときには耳の痛い意見や情報を聞くことがあるかもしれません。しかし、そういう耳が痛い話こそが、粗利獲得や経営改善のヒントにつながるものなのです。

ただし、毎回参加すると社員も過度に気を使います。社長に気兼ねして率直な意見を言えなくなってしまっては本末転倒です。

そのため、3、4回に1回くらいを目安にしておくとよいと思います。

社長が参加し、適度な緊張感が生まれれば、議論も真剣味を増すでしょう。

社員の意見を聞き、良いところを経営改善に反映していけば、自分たちの意見を聞いてくれるという信頼が生まれますし、仕事に取り組む士気も高まると思います。

会議は1時間で終わらせる

話を戻しましょう。

会議をうまく経営改善に結びつけていくためには、いくつかポイントがあります。

まずは会議時間を1時間以内で終わらせることです。

粗利獲得の会議は、粗利の進捗と、期末に向けた粗利獲得の方法を議論するだけです。議題はそれだけですので、よほど拠点数（拠点の粗利状況の発表者）が多い場合は別ですが、たいてい1時間もあれば終わります。

ここで重要なのは、1時間で終わらせると参加者全員に認識させることです。会議アレルギーがある人も1時間なら我慢できるでしょう。長時間の会議に慣れてきたせいで会議をする意味を感じていない人も、1時間と決めれば「長い会議にはならないな」と安心できます。

実際、私が参加する会議も1時間を目安にしていますし、会議を始める際には毎度「1時間です」と宣言しています。

そもそも、人が集中できる時間には限りがあり、1時間くらいが限度なのではないかと思います。議論が長引くほど会議の意味が薄れ、集中して考えれば決められることも決まらなくなっていくのです。

当然、社長も1時間だと認識しなければなりません。むしろ、社長がもっとも強く認識しなければなりません。時間制限を明確にしておくことで、社長の長い説教や演説も出にくなるのです。

また、1時間で終わらせるわけですので、余計なことを議論する時間はありません。長い会議などを見学していると、どうにもならないことをひたすらみんなで悩んだり、要領を得ずに長々と報告をする人が現れます。

そんなことをしていたらあっという間に1時間経ってしまうでしょう。掘り下げた話をするのなら、別の機会にその関係者だけで打ち合わせをしてもらいましょう。話の長い人がいたら、遮ることにはなりますが「要はこういうことですか」と話を咀嚼して前に進めましょう。

議題は粗利に集中します。雰囲気作りや流れを作るために多少の雑談はあってもよいですが、経営に関する部分では粗利についてのみ話します。

そこを徹底することも重要で、粗利についての1時間の会議と参加者に周知することが良い会議をするための条件です。

粗利獲得に向けた議論を活性化する

粗利確認の会議では、その名のとおり粗利の額や率を確認するわけですが、気になることがあれば業績以外のことも聞くとよいと思います。

例えば、粗利の進捗が遅れている部門があるなら、営業先の候補はあるか、見つけづらくなっているのではないか、人は足りているかといったことが聞けます。

会議に参加する部門や拠点の代表は、粗利目標に届いていないことは分かっていても、その原因が特定できていない場合が多々あります。

営業先への訪問が弱いのかもしれないし、他社にもう取られているのかもしれません。経済環境がイマイチなのかもしれないし、営業スタッフが足りない可能性もあります。

そういう漠然とした状態のため、具体的な解決策が出しづらくなっていることがあるのです。

掘り起こしのための質問をすれば、それを聞いた別の参加者がヒントをくれるかもしれません。

「われわれの拠点にはこんな業界の会社から打診がきた。似たところを当たってみてはどうか」

「同業他社でこんな会社と取引を始めたところがある。似たような会社が近くにないか」

そういう議論が生まれ、解決策も見つかりやすくなるのです。

現状として獲得できている粗利額は、資料を見れば分かります。足りない金額も分かります。

そこを確認することも粗利確認の会議では大事なのですが、それだけで終わらず、どうやって不足分を稼ぐかを考えなければなりません。

そのきっかけとなるのが的確な質問であり、進行役に求められる聞く力、聞き出す力なのです。

参加者の士気を高める

会議を行う際のポイントとして、参加者たちの士気を高めることも重要です。

部門や拠点にはそれぞれ粗利額の目標がありますが、必ず達成できるとは限りません。

いい時があれば悪い時もあるのが仕事ですから、目標を達成し、前向きになっている部門もあれば、「達成は無理だろう」と後ろ向きになってしまう部門もあります。

会議の進行役は、前向きな部門をさらに前向きにさせ、後ろ向きの部門を前向きに変える役目を担います。

目標達成まであと300万円足りない。

そのような話をしながら、まずは会社全体の現状を共有します。

その上で、業績の良い部門には「あと200万円くらいいけるのではないか」と聞いてみます。

部門として与えられている目標だけ見ていると、達成したことで気を抜いてしまいがちです。取れそうな仕事があっても、来期でいいかと考えてしまいます。

しかし、会社全体という視点で見てもらえば、「実はもう1件、取れそうな仕事がある」といった話が出てくるかもしれません。そういった仕事を積み上げていくことで、会社全体の粗利目標を増やしていくことができるのです。

一方、目標達成が遠く、後ろ向きになっている部門には「どうにかあと100万円くらい取れないか」と聞いてみます。

そのための方法としては、前述したように課題や問題を質問して聞き出すことができるでしょうし、解決策を出すべく、皆で意見を出し、議論することもできるでしょう。

粗利額が少ないことや目標達成が遠いことを責めると、相手は余計に後ろ向きなってしまう可能性があります。

責めるだけの会議は、突き詰めれば、社長が持論を演説したり、上辺だけを見て発言する会議と同じです。

そうではなく、建設的な議論をすることを意識し、粗利を少しでも増やすための施策に集中して意見を出し合います。

すると、後ろ向きだった人も「周りが助けてくれている」と実感でき、その期待に応えようという気持ちも高まります。

会議が始まる時には「粗利が少ない」「目標達成が難しい」と感じていても、1時間後に解散する時には「やってやろう」「一矢を報いよう」という気持ちになるでしょう。

会議により、目標を再確認する。もうちょっとできそうだ、あと1点ならいける。

そんな風に1歩半先を見る意識を芽生えさせ、前向きな心理に変えることも会議の重要な役割であり、進行役に求められる能力なのです。

外的刺激を受けて話題を増やす

参加者たちの士気を高めたり、参加者にとって発言しやすい空気を作るという点では、発言を促す際などに雑談を交えるのも有効な方法だと思います。

これは経営改善につなげるポイントというより、ちょっとしたコミュニケーションのコツといったところです。

例えば、前日に気になるニュースがあったなら、どう思ったか聞いてみることができます。

話題のネタは必ずしも経営や経済に関係するものに限らず、スポーツの試合結果でもよいですし、テレビ番組、ベストセラーの本、ヒットしている映画などでもよいでしょう。

「昨日の高校野球すごかったですね。観ましたか」

そんな投げ掛けでもよいと思います。

「観ましたよ」なら感想を聞くことができますし、「観られなかったです」なら、何がすごかったか、どう思ったか、など話すことができます。

シーンとした会議では空気が重苦しくなります。粗利が稼げていない場合、その部門や拠点の担当者は縮こまってしまうでしょう。

その雰囲気を変えることが雑談の目的ですから、コミュニケーションがとれ、会話が生まれれば、取りあえずは目的達成です。雑談が盛り上がればお互いの心理的な距離感も近くなるでしょう。

進行役は、場の空気を常に意識するほうがよいと思いますし、空気を読む力があったほうがよいと思います。

そのためには、ニュース、テレビ、本、映画といったことに興味を向けておく必要もあるでしょう。社長が進行するなら、社長が雑談のネタを仕込んでおく必要があります。

ところが、そういうネタを持たない人もいます。

会社が終わったあと、この人はいったい、いつも何をして過ごしているのだろうと不思議になる人がいるのですが、スポーツもバラエティも知らず、本も雑誌も読まないという人が意外と多いのです。

それでは会話はできません。テレビや本が苦手なら、おいしい店の話でもよいでしょう。生活していれば、何かしら気になる情報が入ってくるものです。

そういった情報に目を向けるだけで、雑談のネタはいくらでも作れます。

経営のことを考えるのは重要ですが、経営のことしか考えない人は人間味がありません。会話をしていてもつまらないですし、言葉も浅く感じます。

そこを変えるのが、経営や仕事とは直接関係のないネタです。

外的刺激を受けることが、コミュニケーションを深めることにつながり、会議の参加者たちからより多くの意見を引き出すことにつながるのです。

施策を決める際の判断軸を明確にしておく

会議を経営改善に結びつけるもう一つのポイントは、施策を決める際の軸を明確にしておくことです。どの会社にも経営理念やビジョンなどがあるはずです。

これは会社としての価値観のようなもので、あらゆる判断や意思決定の根底になりますので、全員が理解し、共有している必要があります。

それを議論する際の根底にして、施策を練ります。

仮に「お客様第二」や「環境に優しく」といったことを理念としていても、「とにかく売ってこい」「うまく言って高く売れ」と指示していたのでは支離滅裂です。

社員も戸惑いますし、一生懸命働こうという気持ちになれないでしょう。

自分たちがどういう組織なのかを確認することが大事ですし、進行役となる人は特に、会議でまとまった施策が会社の理念やビジョンから外れていないかしっかり確認する意識を持つことが大事だと思います。

理念やビジョンはその会社によって異なりますが、私自身は「社員第一」を判断基準にすることがもっとも大事だと思っています。

つまり、お客様や環境などのことを考えるよりも前に、自社の社員のやりがいや待遇などをまず向上させなければならない、ということです。

経営では、よくCS（顧客満足）とES（従業員満足）という言い方をしますが、ESなくしてCSは実現できないと私は強く思います。

自分たちが不満を多く抱えている状態で、他人や社会のことを考えられる人がいるでしょうか。利益がたくさん出ている会社なら、その結果としてお客様に還元したり、環境保護のためにお金を使うこともできるでしょう。

しかし、私の支援先はほとんどが赤字です。みんな利益が出ずに苦しんでいます。それなら、自社の立て直しこそが最優先です。

立て直すためには社員の力が不可欠ですから、彼らの待遇を良くして、やりがいを持たせ、気持ち良く、楽しく働けるようにすることこそが何より大事です。すると、社員が待遇面などで不満を感じることが減り、仕事に少しずつやりがいを感じられるようになり、結果、「お客様のために頑張ろう」「環境や社会の役に立とう」という意識が芽生えると思うのです。

また、利益が出ない状態が続くと、つい楽して稼げる裏道を探してしまいます。粉飾決算などがその典型ですが、そういった不正を防ぐためにも会社の価値観という軸を明らかにしておくことが大事です。

私は、支援する会社にも、私自身に対しても、「この判断は人として正しい判断か」という基準で見るようにしています。

もっと分かりやすく、「その行動、その判断を、親として自分の子どもに言えるか」と経営者の方や社員の方に聞くこともあります。

会社は利益を追求するわけですが、何をやってもいいわけではありません。「このほうが儲かる」「こうすれば売れる」といった案を思い付いたときに「自分の子どもに言えるか」と自問する習慣を浸透させれば、不正は起きにくくなるでしょう。「言えない」と思うのであれば、その方法はダメです。別の方法を探します。

偉そうなことを書きましたが、私自身、そのように正しく生きてこられたか、というと決してそんなことはありませんでした。安易な判断や楽をしたときは、必ず悪い結果となって自分自身に返ってきました。

だからこそ、どんなに苦しくても「人として正しい判断」に従って行動しなくてはならないと実感しています。

楽に見える道があったり、うまくごまかせそうな気がしても、結局は手間を掛けて苦労したほうが成果は出ると理解してほしいのです。

間違ったことさえしなければ、あとは粗利獲得に向けて真正面から向き合うことで、経営は必ず改善していきます。それは私が支援してきた多くの会社が証明しています。

目標を定めるとともに、目標に挑む姿勢を正す。

その結果として、社員一丸となり、正々堂々と勝負する。

そういう意識を醸成することも、会議の重要な役割なのだと私は思っています。

［第6章］

「粗利改善」で驚異的な業績向上を果たした事例

粗利を見る経営の効果は実績を見ればよく分かる

重要なのは粗利です。

粗利を獲得することにのみ集中し、そのための会議を定例化すれば、ほぼ間違いなく経営状態は上向きます。

とはいえ「本当にそれだけ？」という人もいるでしょうから、本章では過去に私が担当した事例を紹介します。

先に私の実績をまとめて申しますと、今まで関わらせていただいた会社は累計で43社あり、そのうちの35社が経常利益で赤字でした。

しかし、赤字35社のうち27社は、コンサルティングを始めた翌年に黒字化を実現しています。改善1年目ではまだ赤字だった8社も、2年目から4年目に掛けていずれも黒字になりましたし、もともと黒字だった8社は、翌年の経常利益が何倍にも増えています。

簡単に言えば、すべての会社が粗利を見る経営に変えたことで、業績が回復し、伸びたということです。

どの会社も、赤字をどうにかしようと取り組んできた会社です。

社員も身を粉にして働いていました。

それでも赤字が続いたのは、売上至上主義に陥ったり、その結果として儲からない仕事をたくさんしていたからです。

つまり、根本的な経営方針に問題があったため、社員の努力が空回りしていたのです。

しかし、粗利を見る経営に変えてからというもの、社員数はほぼ増やさずに利益が出るようになっています。

社員たちも、身を粉にして働く状況から抜け出し、以前より快適に働いています。

給料も増えましたし、ボーナスももらえるようになりました。

なかには、前述したように、ボーナスなしが当たり前の状態から１００万円を超えるボーナスがもらえるようになり、面談の際に泣いて喜んでくれた人もいました。

社長や経営陣も、改善前は少ない役員報酬しかもらえませんでした。

社長という肩書きは立派でも、実態は世間一般の会社員よりも低い水準の収入しかなかったのです。

しかし今は、それぞれが満足できるだけの収入を得ています。倒産を心配するストレスからも解放され、むしろ負債が減っていく安心感を得ながら経営に没頭できるようになっています。

一方、各社の売上はどうなっているかというと、赤字だったときとほぼ同じです。なかには売上額が減った会社もあります。

このことからも、重要なのは売上ではなく粗利を見ることなのだという点がよく分かると思います。

経営改善の肝はそれだけであり、あとは粗利を見る経営をどれだけ徹底して実行できるかにかかっているのです。

では、具体的な改善例を見てみましょう。

業種や業界によって改善のペースなどは変わりますので、ここでは製造業、卸売業、建設業の例を挙げてみたいと思います。

［ケース１］
薄利の仕事から全て撤退
粗利のみを重視した経営方針に転換し
１年目で黒字化を実現

【改善前の状況】

不況とIT化の影響で経営危機に陥る

Ａ社は、自動車部品を製造・販売する会社で１９７０年代に創業しました。

当時は自動車の需要が伸びていたこともあり、会社も設備投資を重ね、少しずつですが着実に成長していました。

また、顧客の幅を広げるべく地方にも支店と工場を作り、最盛期には愛知県内の本社と全国10カ所の支店で全国展開を実現。パート・アルバイトを除く従業員数も３００人を超えるようになりました。

現在の社長は2代目です。父親の代から続く顧客を受け継いだこともあって、当初は受注が安定していましたが、原料の高騰と取引先のコストダウン要求によって利益は伸び悩んでいました。

そのような状況でリーマン・ショックが起きます。社長にとっては初めて経験する大きな不況でした。

当初は人件費の削減を含めたリストラによって難を逃れたものの、利益は目に見えて激減。

２０１１年には、東日本大震災によって東北の工場が被災し、生産量が減ったこともあって、ついに赤字に転落しました。

その時点での売上高は60億円ほどで、工場建設などに使った借入金も60億円ほどありました。

以来、返済は続けているものの赤字からは抜け出せず、毎年2億円近い赤字が出ていました。また、追い打ちをかけるようにして自動車のＩＴ化が進み、その分野での投資に出遅れたことから、受注量・売上高がさらに減り、いよいよ会社の存続が危なくなっていました。

【支援の経緯】

原価すれすれで叩き売っている状態だった

「中西さんに相談したい案件がありまして」

銀行の融資担当者から電話を受けたのは2014年のことです。

銀行はA社のメインバンクで、私が他のメーカーの再建を手伝った実績を知って電話を掛けてきたのだそうです。

ひとまず状況を聞き、私はA社を訪れることにしました。財務書類などを見せてもらいつつ、工場や事務所の状況を把握したいと思ったからです。

財務状況は前述のとおりで、私が関わった案件の中でもかなり深刻な方でした。取り扱っている商品（品番）の数は多いのですが、そのほとんどが需要が減っている状況で、原価すれすれの価格で叩き売っているような状態だったのです。

しかも、相談してきた銀行担当者は2年で黒字にしたいと言います。私は各商品の利益率などを確認し、ざっくりと粗利額を計算しました。

経営方針さえ変えれば間違いなく何とかなる。そう考えて、立て直しを引き受けさせていただくことにしました。

【改善に向けた目標設定】
会社存続に不可欠な必要粗利額を算出

銀行との当面の約束は1点、「まずは黒字に」です。

返済に関しても黒字になるまでは当面猶予してもらうことになりました。

改善に向けた取り組みでは、最初に社長と何度も話をさせていただきました。

「このままの経営を続けると残念ながら会社は潰れます。再建するには抜本的な改革が必要で、そのための方向転換の覚悟をしていただかなければなりません」と伝えました。

「やります」社長はそう言いました。その言葉を受けて、私は「粗利を見る経営」について話をしました。

A社の場合、年間の一般管理費が6億円以上掛かります。また、借入金に対する利息も年間1億円以上あるため、まずは7億円の粗利を稼ぐことが経常黒字のための最低条件です。

しかし、それだけでは改善にはなりません。

社長との面談のあとに現場（工場）を見て回ったところ、社員たちは明らかに疲れ切っていました。人が減る一方で、生産量はあまり変わっていないのですから当然です。

彼らが辞めていくのも時間の問題でした。

この状況で社員が減れば、今度こそ会社は致命的なダメージを受けます。

それを回避するには社員の待遇を良くしなければなりません。そこで私は社員全員の昇給とボーナスを払うための原資と、新たな人材採用の経費を合わせて1億円の粗利が必要だと考えました。これで必要粗利額は計8億円です。この金額を改善に向けた最初の目標に掲げました。

【施策】

原価を周知して販売価格の管理を徹底

最初に取り掛かったのは、現在の受注内容の確認です。

A社の工場はフル稼働に近い状態で動いていましたが、その中には薄利の商品も数多く含まれています。そうなった原因は複数ありますが、もっとも深刻だったのは営業スタッフの多くが自分が売っている商品の原価を知らなかったことでした。

現場スタッフとの面談で、私は「どういう指示を受けて売っていたのか」と聞きました。

「自分が扱う商品それぞれに販売個数の目標があり、それを達成するように、と言われています」と、スタッフは答えます。

「例えば、このaという商品の目標はいくつですか？」

「年間で1000個です」

「1000個売ってどれくらいの利益になるか分かりますか」

「いいえ」

「原価がいくらか知っていますか」

「いいえ」

その後もいくつか質問しましたが、営業スタッフが知らないことが数多くありました。スタッフにとっては、とにかく与えられているノルマ（販売個数）をこなすことが重要で、売値は過去の販売価格や、取引先の要求を聞いてその都度決めているというような状態だったのです。しかも、同じような状態で営業全員が販売していたのでした。

原価が分からなければ損益分岐点も分かりません。儲からずに忙しさだけ増していくのも当然です。

この話を機に、私は販売個数を目標にすることを禁じました。また、全ての商品の原価と目標とする粗利率をスタッフに公開し、粗利率を下回る価格で売ることも禁じました。

個数は見ず、売上も見ない

並行して、粗利確認の会議も定例化し、あらゆる業務を粗利だけ見て行う方針を伝えました。

会議には各支店のリーダーにも参加してもらい、販売個数ではなく粗利額を目標とすることや、原価以下で売ってはいけないことなども周知しました。

「販売個数が減れば売上が下がりますが」と心配する人もいました。

しかし、そんなことは百も承知です。

個数も売上も見なくてよい。

各支店では、支店ごとに割り当てた粗利獲得に集中してほしい。

そう伝えることで、赤字のために身を粉にするこれまでの業務が少しずつ変化していくことになったのです。

また、各拠点には粗利獲得の利益進捗管理表と取引先候補を入力する補助シートの作成も依頼しました。利益率が低い商品は値上げしてもらい、惰性で取引している利益率が低い取引先との付き合いも見直してもらいました。

その際にも「安易には断れない」と渋る声が出ましたが、A社にとっては粗利獲得が必須で、儲からない取引のために余計な力を使っている場合ではありません。

「適正な利益が得られる取引先のみに絞ってください。その上で、取引先候補をランク分けした補助シートを作ってください」

そう伝えると、みんな、現状のままでは倒産の危険性もあるという危機感があったせいか、どの拠点もすぐに指示に従ってくれました。

ここが転機となり、A社の業績は急回復することになるのです。

【結果】

品目の見直しによって工場の生産性を高める

1年目が終わった時点で、A社が獲得した粗利は7億円にまで増えました。純利益（税引後）も増え、7年ぶりに黒字となりました。前年が2億円の赤字でしたので、1年で2億円の改善ができたことになります。

必要粗利額は8億円ですので、目標額まではあと1億円足りません。

しかし、私は「思い切ってボーナスを出しましょう」と社長に提案しました。経営方針を変えた1年目からこれだけの成果を出せるスタッフなら、人を減らして利益を増やすより、給料、ボーナスによってさらにやる気を出してもらったほうがよいと感じたためです。

その施策が功を奏して、2年目には必要粗利額の8億円を稼ぐことができ、その後も粗利で9億円以上（純利益で1億円以上）の水準を維持し続けています。

ちなみに、取扱商品の数は、薄利の仕事を減らしたこともあり、赤字だった時に比べ約15％減りました。

ＩＴ化の波に乗れず、安く買い叩かれていた商品も全て生産をストップしました。

その結果、工場の生産体制に余裕ができ、その分で利益率が高い商品の生産量を増やしました。つまり、売上目当てで闇雲に生産する態勢から、高く売れる商品に絞って生産する態勢に変わったということです。

私が支援させていただいている会社の中でも、Ａ社は粗利を見る経営の肝を素早く理解した会社だったと言えるでしょう。

粗利を稼ぐという軸さえできれば、あとはそのやり方に慣れるにつれて無駄が多い仕事や薄利の仕事が減り、効率よく稼げる仕事が増えていきます。

また、社員を大事にすることや、そのための手段として人件費（給料、ボーナス）を増やすことに社長が前向きだったのも経営改善に結びついた要因でした。

経営が苦しくなると、社長はつい人件費を減らそうと考えます。A社も過去に大きなリストラを断行したことがありますし、赤字の時はボーナスを出していませんでした。

しかし、粗利を稼ぐのは社員です。

主役である彼らがやる気にならなければ経営は決して上向きません。

その点を社長が理解したからこそ、1年目の黒字転換が実現でき、会社が蘇ったのです。

【データ】

A社（製造業）

事業内容：自動車部品製造・販売

本社：愛知県

創業：１９７０年

拠点：本社、全国10カ所の支店および工場

売上規模：約50億円

コンサルティング開始時期：２０１４年１月

コンサルティング期間：２０１４年～16年（現在は顧問として適宜支援を行う）

業績：２０１３年　経常赤字▲２億円（コンサルティング開始前）

２０１４年　経常黒字２０００万円（コンサルティング1年目）

２０１５年　経常黒字1億２０００万円（コンサルティング２年目）

［ケース2］

粗利率を基準に主力商品を見直し成熟した市場でも頭角を現す

【改善前の状況】

統廃合が進む市場で競争力が低下

B社はアパレルの卸売をしている会社です。

中国地方各県に本社と支店を構え、国内メーカーから仕入れた靴下や下着類などを小売店に卸しています。

B社がある地域はもともと繊維・アパレル産業が盛んで、地域の雇用促進や経済発展にも一役買い、給料水準も高い方でした。

しかし近年は、ECサイトを通じて消費者がメーカーから直接購入するケースが増え、また、海外のファストファッションブランドが進出してきたことに影響を受けて、商品の単価が低下していました。

このような変化を受けて、B社から小売店への販売量も減少傾向となり、取引先である小売店の数も徐々に減っていきました。

ファッション業界はもともと変化が早い業界ですが、B社の周りでは、洋服の流行り廃りという表面的な変化だけでなく、卸や物流といった分野にも起きつつあったのです。

また、B社の所在地域の人口動態も経営に影響していました。

少子高齢化による若い働き手の減少は全国的に起きていることですが、B社がある市や隣接する市町村ではその傾向が顕著で、福岡や大阪に出て働く人が増えていました。

そのため、B社の周りでは跡取りが見つからずに廃業する会社が増加。資本力のある県外の会社がそのような会社を吸収し、マーケットシェアに変化が起きていました。

B社は跡取りには困っていませんでしたが、シェアは小さく、取り扱っている商品にもこれといった特徴がありません。

その状態をなんとか抜け出し、大手と競えるようにしたいと考えた社長がシェア獲得を目指した売上アップの戦略を立てましたが、案の定、売上が増える一方で利益が増えない状態に陥っていました。

【支援の経緯】

以前はうまくいった戦略が通用しなくなった

Ｂ社について相談を持ち掛けてきたのは、前職の時に一緒に仕事をしたことがある知人の一人でした。

「知り合いの会社がコンサルタントを探している。力になってやってくれないか」

そのような依頼を受けて、Ｂ社の社長と面談することになったのです。

社長から会社の近況や周辺市場の動向を聞きながら、私はＢ社が売上至上主義に陥っていると感じました。

Ｂ社の現状の規模を考えると、台頭してきた県外の大手に立ち向かうのはほとんど無理です。

しかし、社長はどうにかして売上を伸ばそうとしていました。

「売上で勝負しても経営が上向くとは限りません」

私は社長にはっきりとそう言いました。

しかし社長は、「当社の資本力や商品力が大手に負けていることは分かっています。しかし、だからといって放っておけば赤字になります。経営難に陥ります。対抗するには戦わなければなりません。売上を増やし、規模を拡大するために、われわれは攻めるしかないと思うのです」

社長の言葉からは必死さが伝わってきました。

一方で、社長が推し進めている売上を増やす戦略が正しいとも思っていなかったようです。

これまではその戦略でシェアを伸ばすことができたのでしょう。なぜかというと市場全体が成長していたため、利益が取れる仕事も増えていたからです。

しかし、今は市場が成熟しています。

成熟した市場は価格競争になりやすく、資本力がある大手が有利になります。

つまり、10年前に通用した戦略でも、今は通用しないのです。

社長も本当はそのことに気づきつつあり、売上と利益が比例しないことに疑問を感じていました。

売上を増やしても効果が限定的だ。かと言って、別の方法は思いつかない。

そこでコンサルタントに相談しようと思い至ったのだそうです。

「攻めることは大事です。ただ、問題は攻め方です」私はそう伝えました。

「攻め方ですか」

「ええ。売上ではなく利益を増やすために思い切った戦略を打つことが大事です」

私はそう言い、粗利を見る経営の重要性やポイントを伝えました。

社長は最初、戸惑ったような顔を見せました。

利益が大事であることは分かっている。そのために売上を増やそうと取り組んでいる。

そんなことを考えていたと思います。

しかし、最終的には何かが変わるかもしれないと思っていただいたようでした。

「粗利を見る経営ですね。やってみましょう。お願いします」

社長はそう言い、私はB社の支援をさせていただくことになったのです。

【改善に向けた目標設定】

粗利率を基準にラインナップを整理

私はさっそくB社が卸している商品の粗利率を確認しました。

売上高は、社長がハッパを掛けていることもあり、この数年横ばいで推移しています。しかし、利益は減っています。現状はかろうじて黒字を維持していましたが、いずれ赤字になることは明白でした。

利益が少ない原因を探るべく、私はB社が取り扱っている商品について調べることにしました。

取扱商品（品目）は約100品目あります。

それら一つひとつについて調べたところ、全品目の平均粗利率は8％と判明しました。

卸売業は、他業種と比べて粗利率が低くなる傾向があるため、大量に仕入れ、大量に販売することによって粗利を積み重ねることが利益獲得につながります。

ただし、そこで問題になるのが資本力です。

大手と比べると、B社のような中小企業はどうしても仕入れる量が少なくなります。販売先の数も少なくなりますし、大量に仕入れるほど経営リスクも大きくなります。

つまり、大手と同じ戦略をとっても、資本力と仕入れ・販売ルートの数に差がある限り、対等に戦うのは難しいのです。

そこで私は、取扱品目の粗利率を高めることを戦略の軸としました。

目標は、現状の利益率8％から12％前後まで引き上げることです。

そのために、利益率を基準として取り扱っている品目を精査し、粗利獲得につながる商品に絞り込むことにしました。

【施策】

利益率が低い商品は主力から外す

取扱商品について知るため、私は仕入れ部門のリーダーと担当者を呼び、詳しく話を聞くことにしました。

まず目を向けたのが利益率が平均を下回っている商品群です。その中には、売上高ベースでB社の主力となっている商品もありました。

「この主力商品の仕入れ額はいくらですか」

「1400円です」と、担当者が言います。

「1300円に抑えることは可能ですか?」

「いや、この商品は他社も仕入れていますので、今よりも安く仕入れるのは難しいと思います。仕入れ量を増やせば交渉できる可能性はありますが」

小売店への販売価格から計算すると、仕入れ値を100円下げれば利益率は12%まで上がります。しかし、値下げしてもらえる余地は見込めません。販売先の数も限られていますので、今より仕入れを増やすのも厳しいでしょう。

そのため、私は主力商品を変えたほうが良いだろうと判断しました。

次に目を向けたのが利益率の高い商品群です。それらについても一つひとつの仕入れ値と、値下げ交渉の可能性を聞きました。

その結果、交渉できそうな商品が複数見つかりました。その中には、5％近く安くできそうな商品もありました。

このような分析を経て、私は利益率が低い商品ではなく、利益率が高い商品を中心に仕入れ値を抑える交渉に力を入れてもらうよう頼みました。

また、現状の主力商品を含め、利益率が低いものについても改めて交渉してもらうよう依頼し、値下げが難しい場合は取扱量を減らしましょうと伝えました。

「主力商品の量を減らすと売上も減りますが」と、リーダーは言います。

「構いません。粗利率を軸にして商品構成を見直しますので、売上への影響は考えなくて大丈夫です」

私はそう返事し、リーダーも納得してくれました。

商品の新陳代謝で粗利獲得を狙う

仕入れ額の交渉に向けて、私は全品目の粗利率目標を出しました。

例えば、この靴下の粗利率は7%、この下着の粗利率は10%といった具合に設定し、仕入れ部門と販売部門に伝えたのです。

この数値を基に、仕入れ担当者には安く仕入れる交渉をしてもらい、販売部門には高く卸す交渉をしてもらいます。

交渉の結果、目標とする粗利額に届かないものは取扱量を減らし、達成したものは取扱量を増やすことにしました。

同様に、仕入れ先と販売先についても現状の粗利獲得額を計算し、目標とする粗利率を設定しました。B社の場合、商品ごとの粗利率だけでなく、取引先ごとの粗利率にも差がありました。その点を踏まえて、安く売ってくれる仕入れ先と、高く買ってくれる販売先に軸足を移していこうと考えたわけです。

簡単に言えば、商品ラインナップと取引先の新陳代謝です。

従来のB社は、とにかく取扱量を増やすことに集中してきましたが、その戦略ではいずれ限界がきます。その前に、粗利を獲得しやすい状態に変えることが重要だったのです。

【結果】

地味な商品群が新たな主力商品になった

交渉の成果はすぐに表れました。

残念ながら、主力だった商品の値下げはできませんでしたが、利益率が高かった商品に関しては、軒並み3~5%の値下げが実現できました。

また、販売先に関しても、一部の小売店が値上げに応じてくれたため、粗利率が上がり、粗利額も増えました。

商品ラインナップについては、予定どおり、仕入れ値交渉が実現しなかった商品を減らし、その結果として確保できた資金を利益率が高い商品の仕入れに回しました。

取引先についても、商品ラインナップの変動に合わせて営業体制を調整しました。

また、利益率が高い商品を新たな主軸商品と位置付けてもらい、より多く売るための施策を考えてもらうことにしました。取引先候補を管理する補助シートにも、新たな主軸商品を販売できそうな店をリストアップしてもらい、新規の販売先の開拓を進めてもらいました。

1年経った時点の業績は、売上が5％ほど減った一方、利益率が8％から12％に向上し、粗利獲得額も20％ほど増えました。

経常利益も1億5000万円ほど増え、純利益（税引後）は過去最高となりました。

B社の業績改善で重要だったのは、利益率が高い商品に絞ったことだと思います。

一般的に、利益を伸ばすためには主力商品をたくさん売ることが重要で、一部のヒット商品が利益の大半を稼ぎ出すことがあります。いわゆる「パレートの法則」のようなもので、全体の2割程度の商品が、売上の8割を稼ぐケースです。

しかし、卸売業のように取扱商品が多い場合、ヒット商品とは呼べないような地味な商品群の中に、利益率が高い商品が含まれていることが多々あります。

その一つひとつを細かく見て、利益率をさらに伸ばし、取扱量を増やすことにより、全体の粗利が大きく伸びることがあるのです。

これは「ロングテール戦略」として知られる考え方で、B社の場合はまさにその戦略が当たったケースといえるでしょう。

売上に注目すると、どうしても今の主力商品をたくさん売ろうと考えがちです。しかし、粗利を見る経営では量よりも質が重要です。利益率が高い良質な商品を見つけ出し、自社の主力に育てていくことが重要なのです。

【データ】

B社（卸売業）

事業内容：アパレルの卸売

本社：埼玉県

創業：1980年

拠点：本社、全国3カ所の支店

売上規模：約40億円

コンサルティング開始時期：2015年4月
コンサルティング期間：2015年～16年（現在は顧問として適宜支援を行う）
業績：2015年　経常赤字▲2000万円（コンサルティング開始前）
　　　2016年　経常黒字1億5000万円（コンサルティング1年目）
　　　2017年　経常黒字2億2000万円（コンサルティング2年目）

［ケース3］
荒れた職場、
経営指標のない状態から
わずか1年でV時回復

【改善前の状況】
改善の見込みがなく銀行が頭を抱えた

法人を人ととらえると、経営状態は会社の健康状態を表すものといってもよいでしょう。その視点から見ると、C社は極めて不健康で、大病を患っている状態でした。

C社はマンションや戸建てのリフォームを手掛ける会社で、建設現場出身の有志2人が2000年に創業しました。

病気の兆候はすでにこの頃からありました。

事業をスタートした時には前職のコネクションなどを通じて仕事を獲得しました。しかし、リフォームは一度行うと、一般的にはその先十年以上は行わないケースが大半です。つまり、リピートはあるものの、次の需要が生まれるまでの期間が長い事業であるため、常に新規の仕事を探す必要があるわけです。

その部分の先読みが甘かったC社は、2年目から受注件数が激減。まずは仕事を取ることを優先に考えた結果、大幅に値引きして受注するようになり、利益率も大幅に下がっていきました。

以降、売上高は安定していますが、利益は伸びず、創業5年目から経常利益が赤字に転落。リフォームをテーマとしたテレビ番組の影響などによってリフォーム業界に注目が集まり、一時的に黒字に戻った年もありましたが、リーマン・ショックと東日本大震災の影響によって再び赤字となり、赤字額も年々増えていきました。

直近の決算では、売上高に対して1割以上の赤字が出ていました。

また、業界全体の人手不足と異常気象などが原因となって工期が延び、納期が遅れる仕事も増えるようになり、運転資金の融資元である銀行担当者もいよいよダメかと諦めかけていた状況でした。

【支援の経緯】

売上アップは難しいが利益アップはできる

「もう、どうしていいのか分からない」

私の事務所にやってきた銀行の支店長が、大きくうなだれ、そう言いました。

銀行は、2012年からC社に運転資金を融資しています。

決算書を見せてもらうと、売上高は3億円前後で、建設業界ではかなり小規模な方でした。社員は事務員を含めて10人。住居リフォームの営業と施工管理を行い、必要な現場作業は外注するという一般的なビジネスモデルでした。

驚いたのは経常利益です。

前期の経常赤字は▲3300万円で、売上の1割を超えていました。

「すさまじい赤字ですね」

「ええ。銀行からも経営相談の担当者を出して改善を試みているのですが、赤字の垂れ流しが止まらないのです」

建設業界全体が人手不足で悩んでいる中で、これ以上売上を伸ばすのは難しく、経営再建は大分困難だと考えていたようです。

ただ、私は仕事の受注方針や予算管理の方法さえ変えれば、再建は早い段階で十分可能なのではないかと感じました。

小売業や飲食業などと比べ、1件当たりの金額が大きい建設業は体力（資本力）勝負になるケースが多く、その点で見ると小規模な会社は不利といえます。

しかし、小規模な会社には大企業よりも変革を浸透させやすいという長所もあります。

その可能性を考え、私はC社の支援をさせていただくことになりました。

【改善に向けた目標設定】

経営改善に向けてまずは職場環境を整える

C社は想像以上に荒んでいました。決算の数字が悪いだけでなく、事務所内の雰囲気も最悪で、資料や私物があちこちに散らかっているような状態でした。

社長と面談し、私は仕事の現状を聞きました。

「事務所はいつもこんな状態なのですか」

「ええ。営業や現場に出ている社員が多いので、だいたいこんな感じです」

社長は、事務所内が荒れていることに特に疑問を感じていません。

ふと見渡すと、社員の机には灰皿があり、飲みかけのお茶が入ったコップなども置きっ放しになっています。その奥には、タバコを吸いながら資料らしきものを読み込んでいる社員の姿もありました。

私が社長と面談したのは、リフォームの相談に来た人たちが座る打ち合わせスペースです。この位置から社内の様子が丸見えなのですから、相談に来た人は嫌な印象を持つに決まっています。

リフォームを考える人は、自宅がモデルルームのように生まれ変わると期待しています。しかし、今の事務所の様子は対極です。自分の会社が汚れている状態で、人の家をきれいに施工できるとは思えません。

そこで、まずは事務所のレイアウト変更から始めました。

また、資料が散らばっていればミスも起きやすくなります。一つひとつの仕事をきちんとこなすという点でも、まずは働く環境を整備するのがスタートだと思いました。

【施策】

数値目標と経営指標を一から作る

事務所内のレイアウト変更と整理整頓を進める一方、私は社長と共同経営者である副社長とともに経営方針の見直しに取り掛かりました。

「受注するかどうかの基準や金額設定はどのように行っているのですか」

私がそう聞くと、2人は顔を見合わせ、少し困った表情で「その都度、担当者と相談して決めています」と答えました。

「営業部門に対して、何か具体的な数値目標などは伝えていますか」

「一応、前期の売上は超えようと伝えていますが、景気の影響や材料費の変動などもあるので」と、社長が言います。

この会話で分かったのは、C社には経営指標らしきものが全くないということでした。
また、その後で行った全社員との面談で、ほとんどの営業社員が会社の売上高を知らず、「取りあえず受注する」「たくさん受注すればよい」といった意識で働いていることも分かりました。

その1週間後、私は「粗利を軸とした経営」について説明する機会を設けてもらい、全社員に新たな経営方針を伝えました。

小規模な会社は全員が集まれる機会を作りやすいのが利点です。一人ひとりの表情を見つつ、適宜質問を受けながら、粗利の重要性を細かく説明しました。

また、前期までの決算書を基にして粗利の進捗状況を把握するシートを作り、受注額、粗利額、利益率などを記入するといった日々の業務についても説明しました。

営業部門には案件の候補を書き出す補助シートの作成を依頼し、これら資料を基に月2回のペースで定例の営業会議を行うことを決めました。

自立できるように支援することが重要

もう一つ念を押して伝えたのは、事務所内をきれいに保つことです。レイアウト変更により、事務所内はきれいになりました。モデルルームとまではいかないまでも、以前のように相談者に悪い印象を与えることはありません。

重要なのは、その状態を維持することです。

そのための施策として、私は事務所内を全面禁煙とし、社長、副社長を含む全社員で持ち回りの掃除当番を決めました。

後日、その話を銀行の支店長にしたところ「学校の先生みたいですね」と言われましたが、実はそこがかなり大事なところです。

コンサルタントは、利益を出すための施策を提案することが仕事だと思われがちですが、戦略や施策だけで会社の本質を変えることはできません。

最終的には、自分たちで施策を出し、自立した組織に生まれ変わることこそが重要です。そのために、場合によっては職場環境や仕事と向き合う姿勢の改善を手伝うこともコンサルタントの役目であると思うのです。

【結果】

付加価値を高める施策で利益を増やした

Ｃ社の支援は3年続きました。

この間、事務所内は常に整理整頓された状態が維持され、社員の身だしなみ、礼儀作法、言葉遣いなども以前とは比べ物にならないほど良くなりました。

「この業者なら安心してリフォームを任せられる」

そんな印象を与える会社に生まれ変わったと思います。

業績面では、利益率30％という目安を掲げ、営業と現場の両方に努力してもらった結果、1年後に黒字化を達成し、2年目以降は継続的に３０００万円以上の経常黒字を出せるようになりました。

粗利額増加のポイントとなったのは価格設定です。

まずは、営業社員がその場で値引きに応じるなどの対応を禁止しました。また、営業会議を通じて利益率30％を強く意識してもらいながら、営業部門には利益率を踏まえた価格に修正してもらい、工事を依頼する現場担当者には外注費の管理を徹底してもらいました。

前期までと比べると、受注件数と売上高はそれぞれ1割ほど減っています。

しかし、利益率が大幅に増えたことで資金繰りが楽になりました。2年目には社員の基本給を上げ、ボーナスも支給できるようになりました。

支援する立場として印象的だったのは、社員全員が粗利を見る経営に興味を示してくれたことです。経理や財務の話は難しいと感じる人が多く、敬遠されがちです。C社の社員もそのパターンで、最初は？マークの連続だったと思います。

しかし、営業会議などで経営の基本や利益が出る仕組みなどを話していくと、その内容を新鮮に感じてくれました。

会議では、利益率や目標とする利益額の計算方法などについてたくさんの質問を受けましたし、個人で決算書の読み方を勉強しはじめた社員もいました。粗利獲得の施策を考える際も、全員が粗利が生まれる仕組みを理解していたため、有効なアイデアや方法が生まれ、活発に議論が行われていました。

粗利を見る経営がなぜ興味を引いたかというと、粗利だけ見ればよいという点がシンプルで分かりやすかったからだと思います。また、粗利を見る経営に切り替えたことで、すぐに利益が得られるようになり、効果が実感しやすかったことも大きな理由だったと思います。

現在、私はこの現場から離れ、銀行の担当者が経営相談に乗っていますが、今でもたまにC社の社員から決算書に関する質問のメールが来ることがあります。

前述したように、私のコンサルティングにおける方針としては、自分たちで施策を出し、自立した組織になることを一つの目標としています。その点から見て、C社は限りなく目標に近い状態に生まれ変わったと感じます。

【データ】

C社（建設業）

事業内容：マンション・戸建てのリフォーム

本社：東京都
創業：2000年
拠点：本社
売上規模：約3億円
コンサルティング開始時期：2015年9月
コンサルティング期間：2015年～17年（契約終了）
業績：2014年経常赤字▲3300万円（コンサルティング開始前）
2015年　経常黒字1000万円（コンサルティング1年目）
2016年　経常黒字3000万円（コンサルティング2年目）
2017年　経常黒字3000万円（コンサルティング3年目）

おわりに

40歳で起業してもう11年になります。われながらこれだけシンプルなやり方で、よくここまでやってこられたと最近つくづく思います。

そういった中で、今まである程度の実績を残してこられたからか、「業績を上げるコツをいくつか教えてください」と最近、さまざまな人に実によく聞かれます。

「ノウハウを教えてほしい」と、ストレートに言ってくる金融機関の方もいます。

そしてその答えに迷ったことは今まで一度もありません。

答えは簡単、「粗利を見る経営」だけだからです。

しかし、残念ながらそこで「なるほど！」と言ってくれる人はほとんどいません。

粗利だけを目指す経営というのはそれくらい、ありふれているように感じる程度の方法論なのです。

では、世の中の数多くの経営者やコンサルタントがこの方法をとっているでしょうか？

私は正直、皆無だと思います。本書でも書きましたが、「粗利のみに絞る」経営は社員にも伝えやすく、目標として超シンプルで、かつ効果は絶大であるにもかかわらずです。

3年程前のことですが、私がお付き合いの深い金融機関から出向社員を受入れさせていただきました。1年弱ではありましたが、その行員には本書にある考え方から方法に至るまで、その全てを伝えました。

そして、その行員は銀行に戻った現在、この「粗利を見る経営」を軸に、見事に製造業や建設業を中心に各社の改善を成し遂げています。

本書においてはここまで、その背景から必要性、資料作りから会議の進め方までを可能な限り書かせていただきました。

そして共通するその全ての肝は、「徹底すること！」。

ここに尽きると思います。

業績を上げたい、それも確実に、と思っておられる方はどうか「徹底して」実践していただきたいと思います。会社で導入し数ヵ月もすれば、まず会社から「売上」という言語が消えていきます。「たまには売上も把握しろ」、そんな言葉すら経営者から出てくるでしょう。

最後に、「粗利を見る経営」というと利益さえ取れば何をやってもいいのか？　という風に思われる方もいらっしゃいます。当然そんなはずはありません。

利益とは販売する商品やサービスにおける正当な対価です。相手をうまく陥れて得るものではなく、誠心誠意、顧客の立場にたって尽くし、その顧客にとって価値のあるモノやサービスを提供して初めて得られる、極めて貴重な対価です。

利益をより多く得るには、より多くの顧客満足を与えなければなりません。逆に言えば、顧客満足が得られないサービスだから利益が取れず、薄利での販売になるのでしょう。

そのためにもまずは、自社の商品でありサービスが本当に顧客のため、という視点で行われているかという根源的な問いを、各経営者や各営業担当は考えなければなりません。

突き詰めれば、この会社だから、この営業担当だから「買う」、そう思わせることが「粗利をより多く稼ぐ」ための基本であると言える、と私は強く思います。

中西　宏一

中西 宏一（なかにし こういち）
株式会社ｋ・コンサルティングオフィス代表取締役。昭和42年石川県金沢市生まれ。法政大学文学部卒業後、建材商社と大手コンサルティングファームを経て経営コンサルタントとして独立。建設業界の業績改善を強みとして、顧問企業の90％以上を2年以内に劇的な業績向上に導いてきた。「必ず劇的に改善する」コンサルティングが顧客に高く評価され依頼が殺到、現在は建設業以外にも卸売業、製造業など28もの顧問企業を全国に抱えている。著書に『たった1年で利益を10倍にする　建設業のための経営改善バイブル』（幻冬舎メディアコンサルティング）がある。

粗利「だけ」見ろ
儲かる会社が決して曲げないシンプルなルール

二〇一八年一二月一九日　第一刷発行
二〇二三年　二月一七日　第六刷発行

著　者　中西 宏一
発行人　久保田貴幸
発行元　株式会社　幻冬舎メディアコンサルティング
〒一五一-〇〇五一　東京都渋谷区千駄ヶ谷四-九-七
電話〇三-五四一一-六四四〇（編集）
発売元　株式会社　幻冬舎
〒一五一-〇〇五一　東京都渋谷区千駄ヶ谷四-九-七
電話〇三-五四一一-六二二二（営業）
印刷・製本　中央精版印刷株式会社
装　丁　株式会社　幻冬舎デザインプロ

検印廃止

Printed in Japan　ISBN978-4-344-92052-1　C0034
幻冬舎メディアコンサルティングＨＰ
https://www.gentosha-mc.com/